Symbol und Wahrhaftigkeit

Reformbaukunst in Dresden

Ulrich Hübner · Ulrike Grötzsch · Gernot Klatte · Bernhard Sterra

Verlag der Kunst Dresden

Umschlaggestaltung unter Verwendung von Motiven aus dem Buch.

Bibliografische Information Der Deutschen Bibliothek

Die Deutsche Bibliothek verzeichnet diese Publikation in der Deutschen Nationalbibliografie; detaillierte bibliografische Daten sind im Internet über http://dnb.ddb.de abrufbar.

Gedruckt mit freundlicher Genehmigung der Landeshauptstadt Dresden.

Gesamtherstellung: Husum Druck- und Verlagsgesellschaft
Postfach 1480, D-25804 Husum – www.verlagsgruppe.de
ISBN 3-86530-068-5

Vorwort

Die Reformbewegung in Architektur, Kunst und Kunstgewerbe im Deutschland der Zeit nach 1900 erfährt, so können diverse lokale und überregionale Untersuchungen und Ausstellungen nahe legen, derzeit eine Wiederentdeckung. Von interdisziplinären Projekten bis hin zu Bau- oder Architektenmonographien reicht die Beschäftigung mit diesem historisch vielschichtigen und spannenden Sujet. Die Motivationen hierfür sind möglicherweise ebenso heterogen, doch legt, vom Beginn des 21. Jahrhunderts aus, der Blick zurück zumindest einige Beweggründe nahe.
Zum einen mögen in der Gegenwart Fragen nach Zukunft und Identität eine Affinität zum Wechsel vom 19. zum 20. Jahrhundert aufweisen, als rasante zivilisatorische Entwicklungen mit ihren vielfältigen politischen, sozialen, wirtschaftlichen oder wissenschaftlichen Auswirkungen die Suche nach einer neuen Identität im Posthistorismus evozierten. Das Streben nach einer Wiedervereinigung von Kunst und Leben, nach einer Erlösung des Menschen in der Gemeinschaft oder in verschiedenen Lebensmodellen antwortete dabei auf die Krise der überlieferten Sinnmodelle und der gängigen geschichtlichen Verortung.
Dem schlussendlichen Scheitern der großen gesellschaftlichen und politischen Utopien des 20. Jahrhunderts ging in dessen letztem Drittel eine grundsätzliche Infragestellung des Projektes der Moderne voraus, die mittlerweile bereits in einer Nach-Postmoderne angelangt ist und sich, in ähnlicher Weise wie ein Jahrhundert zuvor, auf – nun neue – Fragen der Zukunftsfähigkeit von Kultur und Zivilisation richtet.
Zum anderen erfolgte in diesem Zusammenhang u. a. auch eine Revision geschichtlicher Positionen, die die Entwicklung des 20. Jahrhunderts bislang als eine Art teleologischer Bewegung auf die Moderne hin interpretiert hatten und die letztlich in der Verengung etwa auf die architekturhistorische Polarität von Traditionalismus und Modernismus zum Ausdruck kamen. In der Architekturgeschichte wurde nicht nur die Komplexität der Entwicklung zwischen etwa 1900 und 1914 simplifiziert, wenn nicht ausgeblendet; darüber hinaus erfolgten vor dem Hintergrund eines ex post konstruierten Entwicklungsmodells nachgerade falsche Zuordnungen – entweder zum „konservativen" Modell des Traditionalismus oder Regionalismus oder – öfter – zur „Übergangsphase" des Jugendstils. Zahlreiche Architekten- und Künstlerpersönlichkeiten, deren Leben durch den Ersten Weltkrieg verändert oder gar beendet wurde, gerieten hier aus dem Fokus und in Vergessenheit.
Wenn die vorliegende Publikation ein differenzierteres Bild jener Zeit für Dresden zu vermitteln sucht, so tut sie dies in der Überzeugung, dass es zum einen eines Begriffes bedarf, um die architektonischen Ausprägungen des zivilisatorischen Wandels der Zeit um und nach 1900 authentischer abbilden zu können als dies bisher geschehen ist; der Begriff „Reformbaukunst" erscheint hierfür die Phänomene im Bereich von Architektur und Städtebau am sinnfälligsten wiederzugeben. Sie setzt, zum andern, diesen Begriff entsprechend nicht als einen Stilbegriff „reiner Lehre" ein, sondern als Oberbegriff für den architektonisch ablesbaren zivilisatorischen Wandel.
Dieser hat viele junge Architekten hervorgebracht, er umfasst jedoch zugleich auch zahlreich jene, die ihre Ausbildung und wichtige Jahre ihrer Berufszeit im Späthistorismus erlebt hatten und nun selbst eine Wandlung vollzogen. Das Bild wird heterogen sein, die Ergebnisse der Untersuchungen vielfältig und das „Reformerische" eines Gebäudes wird im einen Fall als explizite Neuerung und Kohärenz von Architektur, im anderen Fall auch lediglich als modische Attitüde oder vordergründiger Formalismus erscheinen. Systematisierungen und Differenzierungen sind also vonnöten.
Die Autoren hoffen, hierzu einen ersten Beitrag für Dresden leisten zu können.

Die Realisierung dieses Beitrags zur Geschichte der Reformbaukunst wäre ohne die Unterstützung aus unterschiedlicher Richtung nicht möglich gewesen.

Zunächst sei der Verlagsgruppe Husum und insbesondere deren Geschäftsführer, Herrn Ingwert Paulsen, für die große Aufgeschlossenheit gegenüber dem Thema gedankt.
Dem Amt für Kultur und Denkmalschutz gebührt sodann herzlicher Dank für das großzügige finanzielle Engagement, das die Herstellung des Titels überhaupt ermöglichte. Das Thema berührt einen sehr großen Bestand an denkmalgeschützten Gebäuden, über deren kunsthistorische Einordnung, nicht zuletzt in der Öffentlichkeit, teilweise Verwirrung herrscht; insofern möge der Beitrag auch als Unterstützung dazu dienen, die denkmalpflegerischen Anliegen stichhaltig der Öffentlichkeit zu vermitteln.
Dem Kunsthistorikerkollegen und Mitarbeiter in der Inventarisation des Landesamtes für Denkmalpflege Sachsen, Herrn Dipl. phil. Michael Müller, sei für die unkomplizierte Bereitstellung des Kataloges denkmalgeschützter Gebäude zum betrachteten Zeitraum herzlich gedankt. Ebenso Frau Irla Hewerer im Stadtplanungsamt der Landeshauptstadt für die freundliche und wertvolle Unterstützung bei der Bildrecherche.
Nicht zuletzt sei unserer polnischen Kollegin Frau Maja Kowalska für ihre konstruktiven Beiträge bei der Diskussion der Objektauswahl von Herzen gedankt.

Die Autoren — Dresden, im Herbst 2005

Ulrich Hübner, Gernot Klatte

Kunst, Kultur und Reformbestrebungen in Dresden 1900–1914

Dresden um 1900

Zu Beginn des 20. Jahrhunderts war Dresden zu einer **Halbmillionenstadt** herangewachsen – innerhalb weniger Jahrzehnte hatte sich die Bevölkerung der Stadt vervielfacht: von 177.000 im Jahr 1871 stieg die **Einwohnerzahl** auf 548.000 im Jahr 1910. Ursache war eine fortschreitende **Industrialisierung** (in Dresden gab es vor allem Leichtindustrie, verarbeitende und optische Industrie) und die damit verbundene Ausstrahlungs- und Anziehungskraft der sächsischen Metropole auf Arbeitskräfte jeglicher Art: Industriearbeiter und Angestellte, Lehrer, Beamte, Hochschullehrer, Offiziere etc. Zu diesem Bevölkerungswachstum der Stadt trugen aber die **Eingemeindungen** besonders bei (z. B. Strehlen und Striesen 1892, Pieschen und Trachenberge 1897, Cotta, Löbtau und Plauen 1903). Das Anwachsen Dresdens zur Großstadt infolge von Industrialisierung und Ausdehnung führte zu einer enormen Zunahme der Bautätigkeit im Stadtgebiet. Es entstanden große **neue Wohnviertel**, teilweise als Blockrandbebauung in meist historistischer „Gründerzeitarchitektur", z. B. in Löbtau und der Äußeren Neustadt (damals Antonstadt).

In die Zeit des Jahrhundertwechsels fallen auch wichtige bauliche und technische Neuerungen und Änderungen im Verkehrswesen: die Errichtung der **Hochbahnanlagen** zwischen Strehlen und Pieschen mit den neuen Personenbahnhöfen Hauptbahnhof, Wettiner Bahnhof und Neustädter Bahnhof, der Neubau der Eisenbahnbrücke über die Elbe neben der Marienbrücke und der Bau des Rangierbahnhofs Friedrichstadt (Gesamtbauzeit sämtlicher Anlagen 1890–1901). 1893 fuhren die ersten **elektrischen Straßenbahnen** in Dresden, die bis 1900 sämtliche Pferdebahnen ersetzten.

Neben diesen Aspekten, die stadtplanerische Maßnahmen erforderlich machten, wurde von Seiten der Stadt unter dem **Oberbürgermeister Dr. Gustav Otto Beutler** (1895–1915) versucht, neuen hygienischen und sozialen Problemstellungen durch eine moderne **Bauordnung**, die den Entwicklungen Rechnung trug, zu begegnen. Sie trat 1905 in Kraft und wurde Grundlage für technisch, sozial und hygienisch moderne Bauten. In dieser Zeit wurden durch die Kommune auch die technischen und sozialen Bauten errichtet, die in einer modernen Großstadt unerlässlich sind: Anlagen der Versorgung (wie Wasser- und Gaswerke), Feuerwachen, Schulen, der Schlachthof, Verkehrsbauten. Bis auf das neue Rathaus, für das ein Wettbewerb ausgeschrieben wurde, wurden alle diese Gebäude von der Entwurfsabteilung des städtischen Hochbauamtes unter Hans Erlwein (seit 1905 Stadtbaurat) konzipiert und ausgeführt (vgl. Kapitel zu Erlwein).[1]

Die Massenzuwanderung von Arbeitern führte zu sozialen Problemen, Spannungen und gesellschaftlichen Umstrukturierungen. In Sachsen war zwar die Sozialdemokratie besonders stark (man sprach vom „Roten Königreich"), allerdings war Dresden als **Residenz- und Beamtenstadt** politisch wesentlich konservativer als etwa Leipzig oder Chemnitz. Das politische und kulturelle Leben der Stadt bestimmte vor allem ein konservativ-liberales, oft national eingestelltes Bürgertum, während der Adel so gut wie keine Rolle mehr spielte.

Kulturelle Strömungen in Deutschland um 1900

Eine wichtige kulturell-soziale Strömung im Kaiserreich um 1900 war die **Lebensreformbewegung**. Sie muss als eine vom gebildeten Bürgertum getragene Reaktion auf durch Industrialisierung und Technisierung verursachte Missstände der Gesellschaft angesehen werden, aber auch als Antwort auf die erstarkende Arbeiterbewegung und Sozialdemokratie. Hauptgebiete der Bewegung waren u. a.:

Der **Wohnungsbau** mit dem Ziel moderne, hygienische und erschwingliche Wohnungen für ärmere Schichten zu schaffen; so entstanden genossenschaftliche Wohnbauten und Siedlungen, Bausparvereine etc. Eng verbunden damit war die **Gartenstadtbewegung**;

Reformen im **Gesundheitsbereich**: Naturheilbewegung und Hygienebewegung, in Dresden vertreten durch den Odol-Fabrikanten Karl August Lingner (1861–1916);

Bildungsreformen: Gründung von Arbeiterbildungsvereinen, Schaffung von Volksbüchereien und Lesehallen;

Theaterreform in Form der Volksbühnenbewegung (Letztere allerdings der Sozialdemokratie selbst nahestehend);

Die **Reformbewegung in der Kunst** sah ihr Ideal in einem gesunden sowie naturbezogenen Volkstum und forderte eine neue Kultur mit Anleitungen zur Lebenskunst, zur künstlerischen Veredelung der Arbeit, zu Heimat- und Naturschutz und nicht zuletzt zu einer dem Menschen angepassten Architektur. Ausdruck dieser Reformbestrebungen war z. B. der erste deutsche **Kunsterziehungstag**, der 1901 in Dresden stattfand und auf dem Alfred Lichtwark, der Hamburger Museumsdirektor und führende Kunstpädagoge Deutschlands, für eine Reform nicht nur des Kunsterziehungsunterrichtes, sondern für eine allgemeine Bildungsre-

form eintrat. Reformer wie Lichtwark und der Sozialwissenschaftler Konrad Lange wollten die Förderung der Individualität in den Mittelpunkt stellen und dabei die Kunsterziehung als Ausgangspunkt nehmen. [2]
Auch die **Heimatschutzbewegung** mit ihrer Rückbesinnung auf regionale, traditionelle und ländliche Kunst und Architektur muss in diesem reformerischen Kontext betrachtet werden.
Auf politischem Gebiet äußerten sich Reformbestrebungen sozialer Art insbesondere in den Schriften des evangelischen Politikers **Friedrich Naumann** (1860–1919), der eine Art liberalen, christlich geprägten Sozialismus propagierte. (Später wandte sich Naumann auch vorsichtig imperialistischen und national-liberalen Ideen zu.)
Das weite Feld der Reformkultur und Lebensreform kann nur dann richtig eingeschätzt werden, wenn der **völkisch-nationale Aspekt** dieser besonders in Deutschland verbreiteten Reformideen beachtet wird. Ausgehend von der Philosophie Friedrich Nietzsches gewann in den letzten Jahren des 19. Jahrhunderts eine kulturpessimistische, imperialistisch geprägte und rassischem Gedankengut aufgeschlossene intellektuelle Richtung die Oberhand in weiten Kreisen des deutschen Bürgertums. Dresden war ein nicht unbedeutendes Zentrum dieser konservativ-völkischen Bewegung: als Beispiel sei hier vor allem auf **Julius Langbehn** (1851–1907) verwiesen, der mit seinem 1890 erschienenen Buch „Rembrandt als Erzieher", das er in Dresden geschrieben hatte (u. a. gefördert von Gelehrten wie Cornelius Gurlitt oder Woldemar von Seidlitz), einen riesigen Leserkreis im deutschen Bürgertum fand. In dem Pamphlet feierte Langbehn Rembrandt als den deutschesten Künstler überhaupt; dies ist aber nur der Ausgangspunkt für seine weitschweifigen, unsystematischen Ausführungen. Langbehns kulturkritischen, wissenschaftsfeindlichen und antiwestlichen (d. h. gegen den englischen und französischen Demokratiebegriff gerichteten) Ansichten und seine kruden nationalistischen, völkischen und antisemitischen Ideen, die u. a. eine Ablehnung romanischer Kunst (z. B. des Impressionismus) und die Rückbesinnung auf „nordische" Werte und germanische Mythologie beinhalteten, wurden regelrecht aufgesogen.[3]
Langbehn war nur *ein* Repräsentant der konservativ-völkischen Bewegung, deren Thesen und Ideen über Jahrzehnte Eingang in weite Teile der bürgerlichen Schichten in Deutschland fanden. (Erinnert sei an die Schriften von Paul de Lagarde und Houston Stewart Chamberlain sowie die Ideologie des Alldeutschen Verbandes und der Deutschen Reformpartei.)
Das nationalistische Gedankengut fand auch Ausdruck in der monumentalen Ausprägung der Baukunst, speziell der Denkmalarchitektur des späten Kaiserreiches mit den Bismarcksäulen (vgl. unten) und als prägnantestem Beispiel Bruno Schmitz´ Völkerschlachtdenkmal in Leipzig (1913).

Kunst und Architektur um 1900 in Dresden

Mit dem Beginn der **Kunstausstellungskultur** im Deutschen Reich lief Dresden hinsichtlich der Erneuerung und der Reformgedanken der Stadt München sehr schnell den Rang ab. Obwohl noch 1891 bei der Internationalen Kunstausstellung in Berlin die Pressekritik meinte, „dass Dresden zur Zeit unter den deutschen Kunststädten den niedrigsten Rang einnehme" (Otto Richter)[4], gelang es innerhalb eines guten Jahrzehntes, dieses Urteil zu widerlegen. Vorbereitend für Dresdens exponierte Stellung in der Vorkriegszeit und für die Neustrukturierung der Ansichten vor allem an den Lehreinrichtungen wirkten Ferdinand Avenarius, der seit 1887 den „**Kunstwart**" herausgab, der „**Dürerbund**", sowie Paul Schumann, der zur selben Zeit im „Dresdner Anzeiger" zum Verständnis der Werke der „Modernen" (Impressionisten, Naturalisten) beitrug. Diese neuen Gedanken bereicherten die Dresdner Kunstlandschaft und waren deswegen eine Herausforderung für viele Künstler und Gelehrte, die eigenen Fertigkeiten neu zu beleben und andererseits die heimische Kunst zu fördern.
Reaktionen auf die oben zitierte Kritik waren beispielsweise in der Malerei die Gründung des „Vereins bildender Künstler" durch **Carl Bantzer** und die erfolgreiche Neuorganisation des Ausstellungswesens (seit 1897 Internationale Kunstausstellungen) durch den Impressionisten **Gotthardt Kuehl** (1850–1915), der seit 1895 auch als Professor an der Akademie wirkte und neue Generation von Künstlern anzog.
Besonders die Künstlergemeinschaft „Die Brücke" mit ihren Hauptvertretern Ernst Ludwig Kirchner, Karl Schmidt-Rottluff und Erich Heckel machte Dresden ab 1905 vorübergehend zu einem Zentrum der expressionistischen Malerei und einem Ort der Avantgarde.
Aufgrund des wachsenden Rufes als **reformoffene Kunststadt** mit regem Ausstellungsbetrieb siedelten eine Reihe namhafter und innovativer Künstler, Architekten und Theoretiker, wie Richard Riemerschmid, Bruno Paul und Martin Dülfer, aus München nach Dresden über, die ihrerseits die Reputation der Stadt steigerten und zur qualitätvollen Verwirklichung der neuen Pläne beitrugen. Dresden wurde daraufhin das Hauptansehen unter den anderen führenden Kunststädten zuteil.

Kunstgewerbe und Reform

Die Erneuerung des **Kunstgewerbes** (Möbelkunst, Glasmalerei, etc.), die von der Arts-and-Crafts-Bewegung in England ausging und dort mit ihrem geistigen Führer William Morris auch soziale Ziele verfolgte, stand am Beginn der Reformbewegung der Künste und der Architektur. In Deutschland wurde diese Entwicklung aufmerksam verfolgt und besonders durch den Architekten **Hermann Muthesius** (1861–1927) gefördert. Muthesius war 1896–1903 als Attaché an der deutschen Botschaft in London tätig und studierte die dortigen Entwicklungen, besonders im modernen Wohnhausbau. Sein dreibändiges Buch „Das englische Haus" (1904–05) wurde in Deutschland zum einflussreichen Standardwerk über moderne Wohnhausarchitektur.
Der bedeutendste und wirkungsvollste Ausdruck der deutschen Kunstgewerbebewegung manifestierte sich 1906 in Dresden auf der von Fritz Schumacher organisierten **III. Deutschen Kunstgewerbeausstellung**, die die aktuellsten Tendenzen auf den Gebieten der Innenarchitektur und des Kunstgewerbes präsentierte. Alle wichtigen in Dresden tätigen Architekten waren an diesem bedeutenden Ausstellungsprojekt

beteiligt, Architekten wie Lossow & Kühne, Schilling & Gräbner u. a. hatten Ausstellungspavillons und Inneneinrichtungen entworfen. Zudem wurde das Zusammenwirken von Architektur und Kunsthandwerk als künstlerische Einheit herausgestellt. (Schon die Ausstellung „Die alte Stadt" 1896 und besonders die 1. Deutsche Städte-Ausstellung 1903 hatten sich mit den aktuellen Fragen der Architektur, des Städtebaus, der Versorgung und der Hygiene und den damit verbundenen funktionalen, technischen und ästhetischen Aspekten beschäftigt.)[5]
Die Ausstellung von 1906 bildete auch den Ausgangspunkt für die Gründung des **Deutschen Werkbundes** 1907 in München. Gründungsmitglieder waren u. a. Architekten und Gestalter wie Hermann Muthesius, Fritz Schumacher, Theodor Fischer, Richard Riemerschmid und Henry van de Velde, der Sozialreformer Friedrich Naumann, aber auch Firmen wie die Deutschen Werkstätten (die aus den Dresdner und Münchner Vereinigten Werkstätten hervorgegangen waren); erster Geschäftsführer wurde der spätere Bundespräsident Theodor Heuss. Ziel des Werkbundes war die Zusammenarbeit von Künstlern, Handwerk und Industrie bei der Entwicklung und Gestaltung von zeitgemäßen, modernen und kostengünstigen Gebrauchsgütern (auch im Hinblick auf deutsche Absatzmärkte!) wie Möbeln, Geschirr etc., aber auch der Architektur.[6] Dresdner Künstler waren entscheidend an dieser Entwicklung beteiligt.
Im Zusammenhang von Lebensreformbewegung und Reformarchitektur steht auch das lang vorbereitete Lebenswerk Karl August Lingners, die **Internationale Hygiene-Ausstellung 1911**, zu der viele der führenden Dresdner Architekten Ausstellungsbauten beisteuerten.

Reformarchitektur – Wurzeln, Abgrenzungen, Strömungen

Der Begriff Reformbaukunst ist in der Kunstgeschichtsschreibung nach wie vor kein klar definierter Stilbegriff. Im Allgemeinen wird damit eine reformorientierte Strömung der Architektur zwischen ca. 1900 und dem Ersten Weltkrieg bezeichnet. Erschwerend für eine Definition wirkt außerdem das Fehlen von architekturspezifischen Fachausdrücken für Reformstilelemente.
Die Architekturentwicklung nach 1900 war hauptsächlich gekennzeichnet von der **Abkehr vom Historismus**. Das prägnanteste, schon damals umstrittene Beispiel für den repräsentativen Späthistorismus in Dresden war das Gebäude der Kunstakademie (1887–94) auf der Brühlschen Terrasse von Constantin Lipsius, das sich aus Formen der Renaissance und des Barock ableitete und dem Stil der Pariser Architekturschule *École des Beaux Arts* nahe stand. Dieser nicht innovativen, sondern nur nachahmenden und sich aus den Stilen der Vergangenheit bedienenden Architektur wollten die jungen Baumeister etwas Eigenständiges und Ehrliches entgegensetzen.
Der **Jugendstil** als eine mögliche Antwort auf diese eklektizistische Architektur wurde schon bald nach 1900 von einer Vielzahl führender deutscher – und besonders auch Dresdner – Architekten abgelehnt, da er sich durch seine bis ins Detail perfektionierte Gestaltung schnell erschöpfte und rein dekorativ aufgebrachte Schmuckelemente – wie es beim Jugendstil oft der Fall war – allein noch keine Neuerung der Architektur brachten. Der bloßen Ästhetik und den ausufernden üppigen Formen des Jugendstils setzten die Architekten positive Erfahrungen aus der Architekturgeschichte entgegen, bauten auf traditionelle regionale Bauformen, auf intensive praktische Grundlagen und Funktionsnähe. Allenfalls geometrisierende Ornamente der Wiener Ausrichtung des Jugendstils („Sezessionsstil") fanden Anklang und sind bei einigen Dresdner Bauten der Reformarchitektur zu beobachten.

Prägend für viele Spielarten der Reformbaukunst ist ihre gegenüber dem Historismus vereinfachte und gleichzeitig gesteigerte **Monumentalität**. Die Traditionslinien zum Historismus brachen dabei nicht völlig ab, vielmehr gab es eine Entwicklung „vom präzisen Stilverweis zur unbestimmten **Assoziation**, von den klassischen Ordnungen zur **frei gegliederten Baumasse**, von der gegenständlichen Repräsentation zum rein architektonischen Zeichen", verbunden mit „formalem **Reduktionismus** und einer Vorliebe für **rustizierte Oberflächen**" (Jörg Stabenow)[7]. Dem organisch entwickelten Baukörper wurde **reformtypische Ornamentik** in ebenfalls reduzierten Formen (Rhomben, Ovale) appliziert. (Hier kamen, wie erwähnt, auch Elemente des geometrischen Jugendstils zur Anwendung. Aufgrund dieser Berührungen vor allem in der Bauzier wurde die Reformbaukunst oft als Teil des Jugendstil angesehen.)
Andere typische Formen der Reformbaukunst leiten sich auch aus **heimattypischen Architekturtraditionen** her, die direkt oder indirekt zitiert wurden, um sich vom „Internationalismus" des Historismus abzugrenzen (d. h. von der akademischen Tradition, die sich vor allem aus der italienischen Renaissance und im Sakralbau von Gotik oder Romanik ableitete), eigene Identitäten zu stiften und das Deutschtum zu betonen. Viel Wert wurde gelegt auf **solide handwerkliche Ausarbeitung** (der maschinellen Fertigung und Vorfertigung stand man anfangs skeptisch gegenüber) und einer **funktionalen Gestaltungsweise**. Es war aber auch die Zeit, in der neue Technologien Fuß fassten, insbesondere die **Eisen- und Stahlbetonbauweise**. Diese wurde bei ingenieurtechnischen und bei Industriebauten, zunehmend aber auch bei anderen Bauaufgaben angewandt.

Neben lokalen Bauformen (Barock, Bauernhäuser) wurden dafür auch nach zeitgenössischen Theorien germanische Elemente (Flechtbänder u. a.) herangezogen. Dabei ging es stets um die Verknüpfung von Innenraum, Außenraum und Umgebung zum Raumkunstwerk, da es den Reformarchitekten „nicht auf das äußere Kleid des ornamentalen oder architektonischen Gedankens ankam, sondern auf die Erfüllung seiner inneren Bedürfnisse im Zusammenhang mit dem Ganzen des Bauplanes" (Erich Haenel)[8].
Außerdem, speziell im Wohnhausbau, gab es eine Tendenz zur **Vereinfachung und Versachlichung**. Wohnhäuser, Villen, Kleinhäuser wurden zurückgeführt auf die sich aus der Funktion ergebende Grundform. Große Wirkung hatte dabei besonders die „anonyme" Architektur des Klassizismus und des Biedermeier, wie sie in der reich bebilderten Publikation **„Um 1800"** des Berliner Architekten Paul Mebes (1872–1938),

das 1908 erschien, vorgestellt wurde. Besonders die schlichte und unprätentiöse Gestaltung dieser Land- und Herrenhäuser, Bürgerhäuser und Inneneinrichtungen des späten 18. und frühen 19. Jahrhunderts wurde von Mebes herausgestellt. Ebenso einflussreich in der reformorientierten Architektenschaft wie Mebes' Buch waren Paul Schultze-Naumburgs **„Kulturarbeiten"**, ein mehrbändiges Sammelwerk, in dem der Herausgeber beispielhaft Fotos guter (meist älterer anonymer) und schlechter (meist zeitgenössischer) Architektur gegenüberstellte und kommentierte.
Ausländische Architekten und Künstler, die großen Einfluss auf die Reformbewegung in Deutschland hatten, waren die Engländer Charles F. A. Voysey, Richard Norman Shaw, Philip Webb und vor allem William Morris und die Arts-and-Crafts-Bewegung des Kunstgewerbes. Auch das Schaffen des Schotten Charles Rennie Mackintosh und der Wiener Adolf Loos und Otto Wagner wurde aufmerksam verfolgt, ebenso das des Holländers Hendrik Berlage.

Trotz der unterschiedlich gearteten Ideen, Ansätze und Formen, die in der Zeit zwischen der Jahrhundertwende und dem Ersten Weltkrieg die Architektur bestimmten, erscheint es sinnvoll, diese unter dem Begriff Reformbaukunst zu subsumieren, da sie Ausdruck eines kulturellen Wandels sind. Da verschiedene Stilelemente und Ausformungen auch in einem Bauwerk auftreten und sich durchdringen können, ist eine präzise Zuordnung der Einzelbauten manchmal nur schwer möglich, aber auch nicht immer sinnvoll. Als Ausformungen der Reformbaukunst können zusammenfassend unterschieden werden:

Reduktionsstil,
barockisierende und klassizierende Tendenzen,
Sachlichkeit und Purismus,
Monumentalstil, auch als Materialstil oder „Deutscher Zyklopenstil" bezeichnet,
Heimatstil.

Eine interessante Rolle innerhalb der Dresdner Reformszene und speziell für die Architektur spielte **Cornelius Gurlitt** (1850–1938). Der Kunsthistoriker und Denkmalpfleger, seit 1899 Professor für Architekturgeschichte an der TH, war so etwas wie ein im Hintergrund wirkender Regisseur, der anregte, Künstler nach Dresden zog, Persönlichkeiten zusammenführte und Tagungen und Ausstellungen mitorganisierte. Nicht zuletzt durch seine vielen Schriften zur modernen Architektur, zum Städtebau, zu Heimatschutz und Denkmalpflege war Gurlitt eine einflussreiche Person. Als Hochschullehrer führte er z. B. Hermann Muthesius, Otto Schubert, Martin Hammitzsch (Yenidze) und den in der Weimarer Republik einflussreichen Architekturkritiker Walter Curt Behrendt zur Promotion; Studenten bei Gurlitt waren u. a. Hugo Häring und die „Brücke"-Künstler Kirchner, Heckel, Schmidt-Rottluff und Fritz Bleyl (Letzterer verließ die Gruppe wieder und promovierte bei Gurlitt). Gurlitt holte 1899 Fritz Schumacher als Professor nach Dresden, er beriet Hans Erlwein und war wohl auch zeitweise Mitglied der „Zunft". Die Mitgliedschaft und Arbeit in zahllosen Verbänden und Vereinen, wie dem Bund Deutscher Architekten (BDA) und dem Verein für Sächsischen Heimatschutz, war Gurlitt ein Bedürfnis, das er mit unglaublichem Elan und Engagement ausübte.[9]

Abb. 1 Ministerialgebäude (Gesamtministerium)

Herausragende Bedeutung für die Entwicklung der Dresdner Architektur spielte die Gründung des Künstlerbundes **„Die Zunft"**. Auf Initiative des neuen Stadtbaurates Hans Erlwein fanden sich ab 1906 Architekten, Plastiker und Maler zusammen, die das gemeinsame Ziel einer Erneuerung von Kunst und Architektur hatten, eine Entwicklung weg von Jugendstil und Eklektizismus, hin zu einer modernen, technische und soziale Entwicklungen berücksichtigenden Kunst. Dabei wurde das Zusammengehen von Bildenden Künsten und Baukunst angestrebt. Mitglieder der „Zunft" waren neben Erlwein u. a. die Architekturprofessoren Fritz Schumacher und Martin Dülfer, die Architekten William Lossow, Max Hans Kühne, German Bestelmeyer, Oswin Hempel, Heinrich Tscharmann, Emil Högg, die Bildhauer Georg Wrba und Karl Groß und die Maler Otto Gußmann und Fritz Beckert. Es kamen so sich gegenseitig befruchtende Künstlerpartnerschaften zustande; die Ergebnisse wurden seit 1907 in der vierteljährlich erscheinenden Beilage „Dresdner Künstlerhefte" der einflussreichen Zeitschrift „Moderne Bauformen" publiziert und dokumentieren die „neue Einheit von Kunst, Kunsthandwerk und Architektur" (Laudel).[10]
Wahrscheinlich nahmen auch Cornelius Gurlitt und der Architekt Heinrich Tessenow an den „Zunft"-Sitzungen teil (vgl. auch Kapitel über Hans Erlwein).

Reformtendenzen in der „offiziellen" Architektur

Für die Dresdner Situation ist es bezeichnend, dass sich die Reformbewegung in der Architektur vor allem durch einen „ausgesprochenen Hang zur monumentalen Gestaltung" manifestierte und diesbezüglich den öffentlichen Bauten der Stadt als Repräsentanten dieser Bewegung große Bedeutung zukam.[11]
Die im Folgenden behandelten Bauten des Staates bzw. der Stadt sprechen für diese These, sind allerdings nicht als Werke der Reformarchitektur zu verstehen, sondern als Bauten, die, durch ihre repräsentative Funktion bedingt, reformerische Ideen (wie Vereinfachung, Klarheit, Besinnung auf lokale Bautraditionen) transportieren.
Als inhaltlich höchststehende Bautypen – Regierungsgebäude, Landtag und Rathaus, standen sie viel

stärker im öffentlichen Interesse als privat finanzierte Gebäude wie Villen oder auch Industriebauten. Sie waren deshalb auch stärker den Repräsentationswünschen des Staates bzw. der Stadt unterworfen.

Das **Ministerialgebäude** (**Gesamtministerium**, 1900–1904, Abb. 1), am Neustädter Elbufer zwischen Carola- und Albertbrücke von Edmund Waldow und Heinrich Tscharmann errichtet, deutet darauf hin, dass es sich bei diesem Bauwerk bereits um ein Beispiel des damaligen neuen Zeitgeistes handelt. Es ist ein Monumentalbau mit starker Bezogenheit zu den Formen des Dresdner Barock, die allerdings vereinfacht und stilisiert erscheinen. Im Grunde handelt es sich um einen überdimensionierten Schlossbau, dem eine ebenso überdimensionale Laterne aufgesetzt wurde.
Diese ins Gewaltige gezogenen Maße des Ministeriums fehlen dem Gebäude des **Sächsischen Landtages** an der Brühlschen Terrasse (1901–1907, Abb. 2). Paul Wallot, Architekt des Reichstages in Berlin, gelang mit dem auch als Ständehaus bezeichneten Bau eine zurückhaltende, sich in die Elbfront einpassende Architektur, die Bauplastik und repräsentative Elemente fast nur an der Eingangsfront aufweist. Der Baukörper besitzt eine klare Struktur; der Turm setzt einen Höhenakzent, ist aber deutlich kleiner als die Türme von Hofkirche und Schloss – also eine bewusste Rücksichtnahme auf und Anpassung an die umgebenden Repräsentativbauten.
Ein weiteres Beispiel öffentlicher Bautätigkeit zeigt die Errichtung des **Neuen Rathauses** (1905–1910, Abb. 3) durch Karl Roth und Edmund Bräter. Der vertikal aufstrebende Turm, der im Gegensatz zu den ihn einbettenden, gleichmäßig gegliederten Funktionsgebäuden steht, ist in einer barocken Formgebung gestaltet. Durch seine immense Höhe entsteht ein Widerspruch zur traditionellen Barockarchitektur, worin sich die Verbindung von Neuerertum und Lokalnähe äußert. Verstärkt wird das „Empfinden für das Natürlich-Wirksame" (Haenel, 1905) durch die goldene Rathausfigur (1908–10) von Richard Guhr, die die Spitze des neubarocken Kupferdachs bekrönt und durch ihre strenge und kraftvolle Verarbeitung die Bodenständigkeit und Festigkeit von Gebäude und Institution unterstreicht.
In diese Kategorie der vorsichtig neue Wege in der Architektur aufzeigenden Repräsentationsbauten kann auch der **Neustädter Bahnhof** (1898–1901, Osmar Dürichen u. a.) (Abb. 4) eingeordnet werden. Im Vergleich zum wenige Jahre zuvor errichteten Hauptbahnhof (1892–97, Giese & Weidner) ist das Neustädter Pendant erstaunlich zurückhaltend gestaltet, weist keinerlei skulpturalen Schmuck auf und wirkt allein durch seine großzügigen Rundbogenfenster, der kraftvolle Zahnschnittgesims und im Innern durch die weite Halle, die durch die gläserne Dachpyramide ihr Licht erhält.

Abb. 4 Bahnhof Dresden-Neustadt

Abb. 2 Sächsischer Landtag (Ständehaus)

Abb. 3 Neues Rathaus (historische Aufnahme)

Turmbauten – Ausdruck moderner Zeit?

Einen bisher wenig beachteten Aspekt der Dresdner Architektur der Jahre kurz vor dem Ersten Weltkrieg stellen einige moderne Industriebauten dar, die zu den ersten **Hochhausbauten** in Deutschland gehören. Es waren keine Bürohochhäuser wie die Wolkenkratzer in New York oder Chicago, sondern Turmbauten der Industrie und Wissenschaft, die auch einen Symbolwert darstellten. Zu diesen innovativen Bauten gehören der **Observatoriumsturm** der Bauingenieursabteilung der TH (1913) von Martin Dülfer, die **Hafenmühle** (1913) von Lossow & Kühne und der **Ernemann-Turm** (1915 von Emil Högg und Richard Müller begonnen). Auf diese Werke der Reformbaukunst wird noch näher eingegangen. Der Bau der **Yenidze** (1912) von Martin Hammitzsch, eine Produktionsstätte der Zigarettenindustrie in Form einer Moschee, zählt nicht zur Reformarchitektur, hat aber als Zeichen und „gebaute Reklame" einen festen Platz im Stadtbild gefunden und soll als frühes Hochhaus hier erwähnt werden.[12]

Alle diese Bauten waren zwar in moderner Stahlbetonweise ausgeführt, in der Architektursprache unterschieden sie sich aber von den expressionistischen, neusachlichen oder modern-dynamischen Hochhausbauten der zwanziger Jahre (von denen es in Dresden nur ein einziges Beispiel gibt: das eher unscheinbar gestaltete Hochhaus der Sächsischen Staatsbank am Albertplatz, 1929 von Hermann Paulick errichtet). Die stilistische und funktionale Entwicklung des Hochhauses in Deutschland war da schon an Dresden vorbeigegangen und fand vor allem in Berlin, Hamburg und Köln statt. Erstaunlich bleibt die Tatsache, dass fast alle frühen profanen Turm- oder Hochhäuser Dresdens *vor* dem Ersten Weltkrieg entstanden.

Wilhelm Kreis: Bismarcktürme

In die Zeit der Reformarchitektur fällt auch das Frühschaffen von **Wilhelm Kreis** (1873–1955) in Dresden. Besonders die Bismarcktürme auf der Dresdner Räcknitzhöhe und den Radebeuler Lößnitzbergen, beide 1906 errichtet, zeigen seine Qualität als Denkmalarchitekt und seine monumentale, dem Material verpflichtete Auffassung in der Baukunst vor dem Ersten Weltkrieg. 1899 hatte Kreis den Wettbewerb für Bismarck-Gedenksäulen in Deutschland gewonnen. Ähnlich seinem Entwurf für das Völkerschlachtdenkmal Leipzig (1896, nicht ausgeführt), aber in kleinerem Maßstab, konzipierte er unter dem Kennwort „Götterdämmerung" eine Reihe von monumentalen Türmen, die als tempelartige „Gedächtnishallen" nach dem Vorbild des Theoderichgrabmals in Ravenna „... tiefste Ehrfurcht des Glaubens, tiefsten Stolz nationalen Empfindens, tiefste Freude an Macht und Größe einer genialen Persönlichkeit ..." hervorrufen sollten, „... ausgedrückt in einer abstrakten Sprache, in der Sprache ... der Harmonien der Masse" (Schumacher). Als formales und konzeptionelles Vorbild für die Denkmalkunst spielten die Bismarcktürme eine grundlegende Rolle, insbesondere durch ihre massige Ausformung, ihren gestalterischen Reduktionismus, die Materialpräsentation sowie den politischen Anspruch, Nationalbewusstsein in geradezu mythischer Überhöhung zu veranschaulichen.
Die beiden Bismarcktürme im Raum Dresden zeigen die beiden Urtypen von Kreis. Der **Dresdner Turm** (Abb. 5) steht auf einem gestuften Sockel, die wuchtigen Ecksäulen erscheinen zusätzlich komprimiert durch den wulstigen und darüber gestuft würfelartigen Aufbau. Der **Radebeuler Turm** (Abb. 6) wirkt ebenfalls außerordentlich monumental durch den übermannshohen Sockel, den runden Schaft und die gewaltige Kuppel. Er erhält vor allem durch seine gedrungenen Ecksäulen Größe und Festigkeit. Die Reduktion auf die tektonische Wirkung wird durch geometrische Grundformen und sparsame Dekoration deutlich gemacht, die die Monumentalität der blockhaft und urwüchsig aus dem Boden wachsenden Denkmäler steigert. „Der geistige Hintergrund ist jene Mischung aus Nietzsche, Wagner und Langbehn, aus Bismarck, Übermensch und Rembrandtdeutschem, aus Germanentum, Kraftprotzerei und Kulturbeflissenheit, die das wilhelminische Bildungsbürgertum um die Jahrhundertwende bewegte und der insbesondere Kreis – Mitglied im Gesamtvorstand des Dürerbundes und Freund von Avenarius – Gestalt gab." (Nerdinger)[13]
Die Bismarck-Türme waren keine zweckgebundene Architektur im herkömmlichen Sinn – sie waren „reine" Architektur, nationale Symbolträger mit quasi-sakralem Charakter und mit ihrer massigen, archaischen Gestaltungsweise Vorbild für Bauten der konservativen Strömung der deutschen Baukunst des frühen 20. Jahrhunderts.

Abb. 5 Bismarckturm Dresden (Räcknitzhöhe), Aufnahme 1906

Abb. 6 Bismarckturm Radebeul

Ausblick

Inkunabeln der Moderne wie Peter Behrens' AEG-Turbinenhalle (1909) in Berlin, Martin Gropius' Faguswerke in Ahlfeld (1911) oder auch die ingenieurtechnische Meisterleistung der Jahrhunderthalle (1912–13) in Breslau von Max Berg hat die Dresdner Reformarchitektur nicht hervorgebracht.
Bemerkenswert ist aber die Vielfalt der Bauten bedeutender Architekten der „konservativen Moderne" wie Schumacher, Erlwein, Dülfer und Tessenow sowie die weiteren Reformbauten von Architekten regionaler Bedeutung. Das auch inhaltlich bedeutendste Projekt der Reform von Architektur und Städtebau mit ganzheitlichem Ansatz und sozialer Komponente, die Gartenstadt Hellerau (mit Riemerschmids Industriebau der Deutschen Werkstätten und Tessenows Festspielhaus, vgl. Kapitel über Hellerau) hat dagegen Wirkung weit über Dresden hinaus gehabt.
Im Ersten Weltkrieg kam das Dresdner Baugeschehen – wie überall im Reich – weitgehend zum Erliegen. Das mag der Hauptgrund dafür sein, dass ein Mann wie Hans Poelzig (1869–1936), der 1916 als Nachfolger Hans Erlweins zum Stadtbaurat berufen wurde, außer vielen erstaunlichen Entwürfen nur zwei Bauten in Dresden verwirklichen konnte, Ergänzungsbauten am Gaswerk Reick und als Privatauftrag das Mausoleum für Karl August Lingner (erst 1922 vollendet). Poelzig ging 1919/20 nach Berlin, wo er große und außergewöhnliche Projekte (Großes Schauspielhaus, Kino Capitol u. a.) verwirklichen konnte.
Vor allem im Wohnhausbau der zwanziger und dreißiger Jahre wurde z. T. bruchlos an das Formenvokabular der Reformarchitektur der Jahre vor dem Ersten Weltkrieg angeknüpft. Beispiele in Dresden sind z. B. Siedlungsbauten von Otto Schubert (1878–1968), einem Schüler Paul Wallots und Cornelius Gurlitts. Auch die Verbindung einiger Architekten zu Dresden riss nicht ab. Heinrich Tessenow baute die Landesschule in Klotzsche (1925–27), Wilhelm Kreis das Hygienemuseum (1929–30) und später das Luftgaukommando (1939–40) in Strehlen. Beide waren Vertreter der sogenannten konservativen Moderne, Tessenow als Hochschullehrer an der TH Berlin-Charlottenburg (sein bekanntester Schüler war Albert Speer).
Dresden war in den zwanziger Jahren des 20. Jahrhunderts kein bedeutendes Zentrum moderner Strömungen mehr, allenfalls öffentliche Bauten des Stadtbaurats Paul Wolf und die Siedlung Hans Richters in Trachau könnte man der Strömung des Neuen Bauens an die Seite stellen.

Anmerkungen

1 zur Entwicklung Dresden vgl. u. a.: Otto Richter: Geschichte der Stadt Dresden in den Jahren 1871 bis 1902. Werden und Wachsen einer deutschen Großstadt. Dresden, 1903; Michael Schmidt: Die städtebauliche Entwicklung von Dresden 1871–1918. Dresden, 2003. Zu Reformströmungen der Dresdner Architektur vgl. den Überblick von Heidrun Laudel: Dresdner Architektur vor dem Ersten Weltkrieg unter dem Vorzeichen der Reformbewegung. In: Dresdner Hefte, 11. Jg., Heft 36, 4/93, S. 41–52.

2 vgl. Roland Unger: Dresden und die Kunsterziehungsbewegung zu Beginn unseres Jahrhunderts. In: Dresdner Hefte, 17. Jg., Heft 57, 1/99, S.14–21.

3 zu Langbehn, seine Wirkung und seine Dresdner Zeit vgl.: Jürgen Paul: Der „Rembrandtdeutsche" in Dresden. In: Dresdner Hefte, 17. Jg., Heft 57, 1/99, S. 4–13.

3 Otto Richter (wie Anm.1), S. 253.

4 zur Ausstellung 1906 vgl. Jutta Petzold-Herrmann: Die 3. Deutsche Kunstgewerbeausstellung Dresden 1906 – ein herausragendes Ereignis. In: Dresdner Hefte, 11. Jg., Heft 36, 4/93, S. 25–40; zur Städteausstellung 1903 vgl. Kurt Wilde: Die erste Deutsche Städte-Ausstellung 1903. Zeitpunkt und geschichtlicher Hintergrund. In: Dresdner Hefte, 18. Jg., Heft 63, 3/00, S. 29–35.

5 vgl. zum Werkbund u. a.: Joan Campbell: Der Deutsche Werkbund 1907–1934. Stuttgart, 1981.

6 Vgl. Jörg Stabenow: Staumauer und Monument. Die Talsperre Klingenberg, ein Werk des Architekten Hans Poelzig. In: architectura. Zeitschrift für Geschichte der Baukunst. Jg. 1997, Sonderdruck.

7 vgl. Erich Haenel: Dresdner Architektur im Jahre 1904 In: Kar Koetschau (Hrsg.): Dresdner Jahrbuch 1905, S. 167.

8 Zu Gurlitt vgl.: Jürgen Paul: Cornelius Gurlitt. Ein Leben für Architektur, Kunstgeschichte, Denkmalpflege und Städtebau. Dresden, 2003.

9 Zur „Zunft" vgl. Heidrun Laudel (wie Anm. 1), S. 51 und ausführlicher in: Im Spannungsfeld zwischen Tradition und Neuschaffen. Fritz Schumachers Dresdner Jahre. In: Hartmut Frank (Hg.): Fritz Schumacher. Reformkultur und Moderne. Stuttgart, 1994, S. 67–89. Die Geschichte der „Zunft" ist bis jetzt noch nicht vollständig aufgearbeitet worden.

10 vgl. Heidrun Laudel (wie Anm. 1), S. 46.

11 vgl. dazu: Gilbert Lupfer: Skizze einer Geschichte der modernen Architektur in Dresden von der Jahrhundertwende bis in die Dreißiger Jahre. In: Gilbert Lupfer, Konstanze Rudert, Paul Sigel (Hgg.): Bau+Kunst. Festschrift zum 65. Geburtstag von Professor Jürgen Paul. Dresden, 2000, S. 172f.

12 Winfried Nerdinger, Ekkehard Mai (Hgg.): Wilhelm Kreis. Architekt zwischen Kaiserreich und Demokratie 1873 – 1955. München, Berlin, 1994, S. 14.

Ulrich Hübner, Gernot Klatte

Kirchenbauten, profane öffentliche Bauten, Industriearchitektur

Sakralarchitektur

Einen bemerkenswerten Beitrag zur Reformbaukunst in Dresden lieferte das hier ansässige Architekturbüro **Rudolf Schilling** (1859–1933) und **Julius Gräbner** (1858–1917), danach Erwin Gräbner (1895 – Zweiter Weltkrieg), neben Lossow & Kühne das auch überregional bedeutendste Dresdner Architekturbüro. Eines seiner Hauptwerke in Dresden ist die **Christuskirche** in Strehlen, erbaut von 1903–05 (Abb. 1). Sie ist der erste moderne Kirchenbau in Sachsen, der nach der Forderung des Kongresses für Protestantischen Kirchenbau 1894 die Zweiteilung von Chor- und Gemeinderaum zugunsten eines dem protestantischen Liturgieverständnis entsprechenden zentralen Innenraumes auflöst (vgl. auch den Protestantischen Kirchenraum von Fritz Schumacher, Kunstgewerbeausstellung Dresden 1906).

Die Architektur verknüpft Elemente der Neuromanik wie die additive Bauweise, des Neuklassizismus, exemplifiziert im imperialen Bogenmotiv der Doppelturmfassade, sowie des Jugendstils. Letztere sind vor allem im Dekor, den Fenstern von Otto Gußmann und in Teilen der Ornamentik zu sehen. Der in der Kombination dieser Elemente gründende Anspruch weist die Christuskirche als ein Bauwerk der Reformarchitektur aus: „Traditionelles und Vorwärtsweisendes, Eleganz, Stille und zeitgenössisches patriotisches und konfessionelles Pathos sind zu einer untrennbaren künstlerischen Einheit verschmolzen." (Heinrich Magirius)

Die Kirche wurde als weithin sichtbares Monument im Stadtraum auf einem Hügel und darüber hinaus auf einem den Bau umfassenden Sockel inszeniert. Zur zeichenhaft-monumentalen Wirkung trägt vor allem die Doppelturmfassade bei, die auf eine mitteldeutsche Tradition verweist (z. B. Stadtkirche Wittenberg). Den Turmhauben aus massivem Stein dienen die häufig von der Reformarchitektur zitierten Bismarcktürme als Vorbild. Der kompakte Baukörper wird in den heraustretenden Seitenkonchen durch

Abb. 1
(Links) Christuskirche, Haupteingang

Abb. 2
(Rechts) Christuskirche, Altar, Aufnahme 1905

Kolossalsäulen durchbrochen und an der leicht geschwungenen Eingangsfassade durch das breite Tor und die darüberliegende Monumentalskulptur von August Hudler in der Mittelachse geöffnet. In der breiten Turmfront, „befestigt" durch angesetzte Türmchen, öffnet ein riesiges Bogenmotiv die Mauer zum Altarraum, wiederum eine leicht hervorschwingende Apsis rahmend. Die Betonung des Natursteins wird im Spiel mit dem Motiv der Rustizierung durch einzelne hervortretende Steine noch verstärkt.

Den Innenraum (Abb. 2) bestimmen geometrische Grundformen, den Raum öffnende hohe Bögen sowie die flache zentrale Kuppel. Die Ausstattung bildet eine Einheit mit der Architektur und zeigt deutlich die Überschneidungen von Formen des Jugendstils (bestimmte Fenster und Ornamente, Ausmalung der Apsiskalotte) und der Reformkunst (Marmoraltar, Hängeleuchter, Lampen, Altarstühle, abstrakte Ornamentik) und setzt sich in der Gestaltung des äußeren Umfeldes der Kirche fort (gusseiserne Leuchter, Tröpfelbrunnen, Treppeneinfassungen). Ebenso wie im Krematorium Tolkewitz arbeiteten die Architekten eng zusammen mit den bildenden Künstlern, um eine gestalterische Einheit von Bau, Plastik, Malerei, Fensterschmuck und Interieur herzustellen. Die Fenster und das Altargemälde stammen aus der Hand von Otto Gußmann, der vielerorts in Dresden (Neues Rathaus, Versöhnungskirche) mächtige Bildwerke mit kolossal anmutenden Figuren und Schmuckelementen schuf. Die groß empfundenen Altarfiguren arbeitete wiederum Bildhauer Hudler, die Vielzahl reformtypischer Ornamente stammen von Karl Groß. Der beeindruckende Kirchenbau erschien den Zeitgenossen als „gewaltige Predigt in Stein" (Festschrift 1911).

Abb. 3 Zionskirche, Aufnahme um 1912

Abb. 4 Heilandskirche, Aufnahme 1927

Ein weiterer unkonventioneller Kirchenbau von Schilling & Gräbner ist die **Zionskirche** (1908–12, Abb. 3) in der Dresdner Südvorstadt. Der Grundriss, eine Kombination von Rechteck und Kreissegment, zeigt eine Neuinterpretation des protestantischen Kirchenbaus. Die Bildhauerarbeiten führte Karl Groß in bekannter monumentaler Manier aus. Einen besonderen Akzent bildete der gewaltige, 26 m hohe Turm, der ein Gegenstück zu dem massiven Saalbau darstellte. Formalästhetisch ist diese Verteilung der Proportionen, dem Spiel von Groß- und Kleinteiligkeit (Friese, Ornamente), exemplarisch der Reformarchitektur zuzuordnen.

Auch der Entwurf für die **Heilandskirche** in Dresden-Cotta (1909, Abb. 4) zeigt den neuen Umgang mit der Proportion. Große Formen werden organisch vereint und erheben das geplante Bauwerk zur Monumentalität. Den Wettbewerb für den Kirchenneubau gewann **Rudolf Kolbe**. Er entwarf einen Baukörper, der ebenfalls vor allem durch das weit heruntergezogene, leicht gewölbte Ziegeldach und die abgerundeten Ecken organisch wirkt. Auch die seitlichen Konchen, vergleichbar mit der Christuskirche, und der breite, niedrige Turm lassen den Bau in sich geschlossen erscheinen. Der Putz wird durch diversen Reformschmuck akzentuiert, der in ähnlicher Weise auch in den Kirchenfenstern wiederkehrt. Barockisierende Elemente wie Turmfenster und Dachformen der Seitenkonchen stellen den Entwurf in den lokalen Kontext. Der heutige Bau wurde aufgrund der Kriegswirren erst 1927 durch Kolbe fertig gestellt. Der Architekt hielt an seinem Entwurf fest, vereinfachte die Formen aber im Sinne der 1920er Jahre (strengere geometrische Formen, Bogenfenster, Zurückdrängung des reformerischen Schmucks und barocker Elemente). Massigkeit und zeichenhafte Wirkung des Turmes und der Seitenkonchen lassen den Bau monumental erscheinen.

Die **Versöhnungskirche** (1905–07/09) (Abb. 5) in Dresden-Striesen von **Gustav Rumpel** und **Arthur Krutzsch** (sie hatten den Wettbewerb von 1902 vor Entwürfen von Max Hans Kühne und Rudolf Kolbe gewonnen) ist von einer anderen Architekturauffassung geprägt. Der Bau vereint romanische, gotische (besonders im Inneren) und jugendstilige Motive. Es gelang den Architekten, diese Elemente umzuinterpretieren und einen markanten, massigen und harmonischen Kirchenbau zu schaffen. Neu war bei diesem Sakralbau vor allem die Integration von Kirche

Abb. 5 Versöhnungskirche, Aufnahme um 1910

und Gemeindegebäude mit Gemeindesaal in einen malerischen Komplex, der von einem zur Straße geöffneten Hof mit Rundbogenarkaden zusammengefasst wird. Der gesamte Baukörper wird von einer vielgestaltigen Dachlandschaft (mit Giebeln, Türmchen und Dachreiter) abgeschlossen und von dem prägnanten spitz zulaufenden Turm dominiert. Dem Reformgedanken verpflichtet sind besonders die großflächigen Fassaden aus z. T. unbehauenem Sandstein.
An der Ausstattung waren Otto Gußmann (Ausmalung der Kirche und Entwürfe für die Glasfenster im Chor) und die Plastiker Georg Wrba und Karl Groß beteiligt, die alle der „Zunft" angehörten.
(Das ebenfalls sakrale Elemente aufweisende Krematorium von Fritz Schumacher wird in einem gesonderten Kapitel besprochen.)

Profane Architektur

Die öffentlichen Bauten der Firma Schilling & Gräbner finden ein besonderes Beispiel in dem Verwaltungsgebäude der **Allgemeinen Ortskrankenkasse** (1912–14, Abb. 6) am Sternplatz. Die großen Formen von ausgebautem Mansardgeschoss, Kolossalpilastern und Fensterbrüstungen gliedern die ansonsten kompakte Kubatur. Der umlaufende Sims zwischen 3. und 4. OG ist durch seine Ziegeldeckung als Teil des Daches zu verstehen. Er scheint den Bau in die Teile Dach und Unterbau zu trennen, was die gewaltigen Proportionen deutlich werden lässt und zu einer immensen Monumentalisierung führt. Die Geschlossenheit, Einheitlichkeit sowie die Homogenität der Fassade untermauern die Statik des Bauwerks. Eine Vielzahl plastischen Schmucks, wie gebrochen ovale und quadratische Putzspiegel und ungegenständliche Ornamente sind bekannte und immer wiederkehrende Elemente der Reformbaukunst. Die Plastizität und Ornamentik des Turmes scheint schon Gestaltungsweisen des Art Déco vorwegzunehmen. Die Portalfiguren am Haupteingang, stillende Mutter, Arbeiter und Atlant, wurden von Selmar Werner geschaffen und ergänzen in ihrer monumentalen Formensprache den massiven und trutzigen Charakter dieses Gebäudes.

Ein ähnlich beeindruckendes Beispiel für diesen Monumentalstil in Dresden, wenn auch in anderem inhaltlichem Zusammenhang und von anderer Grund- und Aufrissgestaltung, zeigt sich am 1902–07 von **Oskar Kramer** errichteten ehemaligen **Landgericht am Münchner Platz** (Abb. 7). Zwar nahm Kramer historische Motive auf (burgartiger Charakter, massiver rechteckiger Vierungsturm, additive Bauweise der Baukörper um verschieden große Höfe), gliederte diese aber frei assoziativ (komplexe hohe Dachlandschaft in rotem Ziegel, Vielzahl an Fensterformen, Wechsel von Sandstein- und Putzflächen). Im Sinne architektonischer Zeichenhaftigkeit setzte er die Formen monumental und (stadt-)raumbildend ein.

Der Monumentalcharakter des **Hauptstaatsarchivs** (Abb. 8), 1911–15 von **Ottomar Reichelt** und **Heinrich Koch** erbaut, wird durch die kolossale Fassadengliederung des pentagonalen Magazingebäudes unterstrichen. Die prismatisch hervortretenden, vertikalen Fensterbänder, der Industriearchitektur entlehnt, werden von repräsentativen Kolossalsäulen und rustiziertem Sockel umfangen. Das Fehlen historischer Reminiszenzen und das „moderne" Erscheinungsbild rückt den Bau in die Nähe der Reformbaukunst. Das anschließende Verwaltungsgebäude ent-

Abb. 6 AOK-Hauptgebäude, Aufnahme um 1950

Abb. 7 Landgericht am Münchner Platz, Aufnahme um 1907

Abb. 8 Hauptstaatsarchiv, Aufnahme um 1950

Abb. 9 Gröbelstraße 17

spricht zeit- und lokaltypischer Formensprache (vgl. z. B. die Bauten Hans Erlweins).

Auf der Kunstgewerbeausstellung 1906 schuf **Wilhelm Kreis** die Dreiflügelanlage des **Sächsischen Hauses**, die durch ihren Repräsentationscharakter geeignete Räume für aufwendige zeitgenössische Innenausstattungen in traditioneller und moderner Baugesinnung bot. Der differenzierte Baukörper war durch einen Säulengang und Vorbauten aufgelockert. Das breite Repertoire an Wohnräumen, von denen Kreis einige selbst ausstattete, bot Anregungen für Raumgliederungen, Raumgestaltungen und Rauminterpretationen. Beispielsweise versah Kreis die Porzellangalerie mit tiefblauen Stoffbespannungen, die mit der weißen Holztäfelung kontrastierten. Damit schuf er den idealen Hintergrund für die Ausstellungsstücke der Meißner Porzellanmanufaktur.
Nach dem Vorbild der repräsentativen Porzellangalerie wurde für die „Dresdner Kunstwerkstätten Karl Seifert" unter Mitwirkung Erich Heckels in Dresden-Löbtau auf der Gröbelstraße 17 ein **Mustersaal** (Abb. 9) errichtet. Eine reformerische Orientierung lässt sich im Außenbau vor allem am breit gezogenen Giebel festmachen, der zu beiden Seiten schroff abgewalmt ist.

Das Architekturbüro von **William Lossow** (1852–1914) und **Max Hans Kühne** (1874–1942) war Dresdens erfolgreichste Architektenfirma vor dem Ersten Weltkrieg, die auch außerhalb der Stadt große Projekte verwirklichen konnte. Seit 1880 war Lossow, der u. a. am Dresdner Polytechnikum Ingenieurwissenschaft studiert hatte, zunächst mit **Hermann Viehweger** (1846–1922) assoziiert. Das Büro schuf u. a. das Plauener Rathaus (1893–94) im Stil der deutschen Renaissance, die Garnisonskirche (1893–1900) als Konglomerat romanischer und gotischer Elemente, das 1945 zerstörte Viktoriahaus (1891–92, ein Geschäftshaus am Ring mit Anklängen an das Gewandhaus in Braunschweig) und das Zentraltheater in der Waisenhausstraße im üppigen Neobarock. (Ein wichtiger Mitarbeiter im Büro war Heino Otto, der u. a. für den Entwurf des Zentraltheaters verantwortlich war und später als selbständiger Architekt vor allem im Jugendstil baute.)
Die an einer reduzierten Ausformung des Dresdner Barock orientierte Architektur wurde dann zu einem Markenzeichen des Büros, als ab 1906 nach dem Ausscheiden Viehwegers Max Hans Kühne Partner Lossows wurde und das Büro unter dem Namen **Lossow & Kühne** (Kühne war auch Lossows Schwiegersohn) weitergeführt wurde. Auch nach Lossows Tod (1914) existierte es unter diesem Namen weiter. Kühne war an der Dresdner Kunstakademie Meisterschüler bei Paul Wallot und seit 1901 als freier Architekt in Dresden tätig.
Sowohl William Lossow als auch Max Hans Kühne waren Mitglieder der einflussreichen Künstlergruppe „Die Zunft" und gehörten so zur bestimmenden Richtung der Architektur in Dresden vor dem Ersten Weltkrieg. Zu ihrem umfangreichen Schaffen gehörten Villen und Kirchen, Ausstellungsbauten und sakrale und halböffentliche Gebäude wie die Handelskammer in Dresden (1910, 1945 zerstört), die Synagoge in Görlitz (1910) und das Verlagshaus Teubner in Leipzig (1911). Das wichtigste Bauwerk wurde für das Büro der Bau des **Leipziger Hauptbahnhofes**, der nach dem Wettbewerbssieg (1906) von 1909 bis 1915 in einem reduzierten barock-klassizistischen Stil errichtet wurde und die vorher getrennten Bahnhöfe der Preußischen und der Sächsischen Staatsbahnen unter einem Dach in monumentaler und großzügiger Weise zu einem der größten und eindrucksvollsten Bahnhofsbauten überhaupt vereinte.

Der Gebäudekomplex von **Kunstgewerbeschule und Kunstgewerbemuseum** (Abb. 10) am Eliasplatz, heute Gebäude der Hochschule für Bildende Künste am Güntzplatz, ist ein anschauliches Beispiel für die barockisierende Tendenz der Reformarchitektur in Dresden. Die Gebäudegruppe entstand auf Anregung des Direktors der Kunstgewerbeschule, Carl Graff (1844–1905), nach einer langen und komplizierten Planungsphase (ab 1899) und Bauzeit (seit 1901) und wurde 1908 eröffnet. Lossow selbst wurde nach Graffs Tod Direktor der Schule und zum Professor ernannt.
An den umfangreichen Vorplanungen, Entwürfen und Umarbeitungen waren neben den Fachleuten der zuständigen Innen- und Finanzministerien, wie Karl Schmidt, auch Direktor Graff selbst und Max Hans Kühne beteiligt. Nach einem zweiten Wettbewerb zur Fassadengestaltung (1901) erhielten **Lossow & Viehweger** den Auftrag.
Der Komplex ist eine um mehrere größere und kleinere Höfe angeordnete Gruppe von unterschiedlich hohen Baukörpern, die ursprünglich eine malerische Dachlandschaft (Mansarddächer, Dachreiter, Giebel, Schornsteine etc.) besaß.
Die gemeinsame Unterbringung von Museum und Schule zeigt sich deutlich in den hohen Atelier- und Unterrichtsbauten und den pavillonartigen Teilbau-

ten für die musealen Zwecke. An diesen repräsentativen Gebäudeteilen zum Platz hin sind die barocken Elemente auch in der Bauskulptur am prägnantesten ausgebildet, während sie in anderen Bereichen reduziert, umgeformt und neu interpretiert sind. Der früheste Gebäudeteil an der Dürerstraße (1903) weist noch ausgesprochene Jugendstilformen auf, besonders im Bereich der Fenstereinfassungen und der Terrasse. Die heterogene Formensprache, z. B. die unterschiedlichen Fensterformen (Hochrechteck, Rundbogen, Korbbogen, Ochsenauge etc.), der Gegensatz von grob behauenem Sandsteinsockel und glatten Putzflächen, die vielgestaltige Bauskulptur (u. a. von Karl Groß) und der Wechsel von symmetrischen zu asymmetrischen Fassaden macht den besonderen Reiz dieses Komplexes aus.
Die Übernahme der barocken Formen muss auch noch aus einem anderen Blickwinkel gewürdigt werden. In den Museumskomplex wurde nämlich eine Anzahl von Spolien, insbesondere Teile der Ausstattung eines barocken Dresdner Stadtpalais, des Palais Brühl, eingebaut. Es handelte sich vor allem um den Saal des von Johann Christoph Knöffel um 1740 für den berühmt-berüchtigten sächsischen Minister unter August III. errichteten Palastes.
Dieser Saal ging durch Kriegszerstörung verloren, auch größere Teile des Akademiegebäudes wurden beschädigt und nach 1945 durch Mart Stam und Gotthard Binneweg in vereinfachter Form wiederaufgebaut. Dabei wurde auf eine Rekonstruktion der das Gebäude prägenden Giebel über dem Eingangsrisalit und dem Haupttrakt ebenso verzichtet wie auf die malerischen Mansarddächer und die Dachreiter. So ist dieses den einheimischen barocken Traditionen verpflichtete und originale Bauteile des 18. Jahrhunderts integrierende Gesamtkunstwerk nur noch bedingt erlebbar.

Das Königliche **Schauspielhaus** (1913 mit Kleists „Robert Guiskard" eröffnet, Abb. 11) an der Ostra-Allee ist Lossow & Kühnes wichtigstes Werk in Dresden. Initiator und maßgeblicher Förderer des Projektes eines eigenständigen Schauspielhauses war der „Odol"-Fabrikant und Mäzen Karl August Lingner. Bei dem Wettbewerb 1909 erhielten Lossow & Kühne und Martin Dülfer den gemeinsamen (ersten) Preis; Dülfer, der der erfahrenere Theaterarchitekt war, zog sich später aus dem Projekt zurück. Auf der ungünstigen, sehr kleinen Grundstücksfläche errichteten Lossow & Kühne 1911–13 ein bemerkenswertes Theater auf dem neuesten Stand der Technik. Da durch die geringe Grundstückstiefe die Hinterbühne wegfiel und der Bühnenraum bis an die hintere Außenmauer reicht (Bühnenhorizont), musste eine Lösung gefunden werden, die die schon damals anspruchsvolle Bühnentechnik in andere Bereiche, besonders die unterirdische Ebene, verlagern konnte. Die vom technischen Inspekteur der Hoftheater Adolf Linnebach konzipierte Bühnenmaschinerie mit ihrem hydraulischem Unterbühnensystem ist nach einer Sanierung noch heute in Betrieb.
Gegenüber dem Kronentor des Zwingers gelegen, weist das Haus eine sehr geringe Tiefe aus, sodass der Bau in die Breite und Höhe „gezogen" wurde.
Der schon damals hochgelobte Putzbau (einschränkend wurde meist nur die erdrückende Baumasse gegenüber dem Zwinger bemängelt) besteht aus dem viergeschossigen Baukörper des Zuschauerraumes mit den Foyers, dem hoch aufragenden 54 m hohen Bühnenhaus und einem angefügten Büro- und Verwaltungstrakt. Diese drei Baumassen werden durch Mansarddächer abgeschlossen, die, bedingt durch die unterschiedlich hohen Bauteile, eine ruhig gestaffelte Dachlandschaft bilden. Die 13-achsige Hauptfassade zur Ostra-Allee ist symmetrisch-klar und durch monumentalisierende Lisenen (Kolossalordnung über drei Geschosse) gegliedert; das Erdgeschoss wird durch einen Laubengang mit Korbbogenarkaden gebildet. Die mittleren sieben Achsen sind risalitartig betont und durch eine Attika mit Segmentbogennische erhöht, darüber krönt eine Figurengruppe mit dem königlichen Wappen die Schauseite. Elegant eingeschoben zwischen Hauptfassade und technischem Trakt linkerhand ist ein viertelkreisförmiger gestufter Baukörper mit Arkadenbögen und Balustraden, der Treppenhäuser und Restaurantbereich zusammenfasst, vielleicht eine Reminiszenz an die kleinen Höfe des Taschenbergpalais.
Der Bauschmuck beschränkt sich im Außenbereich auf dezent angebrachte Medaillons, Festons sowie zwei Sitzfiguren am Wappen und die Statuen auf der Balustrade. Die Ausgestaltung im Innern war weitaus festlicher, der Zuschauersaal mit Parkett und ursprünglich drei Rängen (insgesamt mehr al 1300 Plätze) war in noblen weißen, grauen und gelblichen Tönen mit sparsamen Vergoldungen gehalten. Vorbild für die zurückhaltenden dekorativen Details war ein allgemein aufgefasster klassizierender Barock. Von der Anlage her näherte sich der Saal dem Typus des Reformtheaters, u. a. wurde weitestgehend auf Logen verzichtet, bestimmend sind dagegen die elegant geschwungenen und sich zur Bühne neigenden

Abb. 10 Kunstgewerbeschule, Aufnahme um 1908

Abb. 11 Schauspielhaus, Aufnahme um 1925

Abb. 12 Palasthotel Weber, Aufnahme um 1914

Rangeinbauten. Beteiligt an der äußeren und inneren Ausgestaltung waren u. a. die Bildhauer Georg Wrba und Max Born sowie der Dekorationsmaler Paul Perks.
Das Schauspielhaus, das weitgehend von der Dresdner Bürgerschaft finanziert worden war, wurde gleich in seinen ersten Jahren der Ort für eine Reihe bemerkenswerter Aufführungen, die der neuen Tendenzen wie dem Expressionismus aufgeschlossene Generalintendant Graf Seebach durchsetzen konnte.
Das Schauspielhaus wurde nach schweren Beschädigungen im Innern vom Februar 1945 bis 1948 modern wiederaufgebaut; das Innere wurde 1993–95 durch Wolfgang Hänsch in den alten Formen rekonstruiert, sodass ein bedeutendes Beispiel auch der Innenraumgestaltung der Zeit vor dem Ersten Weltkrieg wieder zu erleben ist.

Gleichzeitig mit dem Schauspielhaus entstand nebenan am Postplatz in ähnlicher klassizistisch-reduzierter Formensprache das fünf/sechsgeschossige **Palasthotel Weber** (1911) (Abb. 12), das z. T. im Krieg zerstört und 1968 abgerissen wurde. Lossow & Kühne nahmen bei diesem Hotelbau die Formen des Schauspielhauses wie monumentalisierende Lisenengliederung und Segmentbogengiebel auf und schufen ein repräsentatives, großstädtisches Hotel, das durch seine geschwungene Fassade, die sich zum Postplatz bog, eine elegante Note bekam.

Ebenfalls kurz vor dem Ersten Weltkrieg konnten Lossow & Kühne ein völlig anderes Projekt verwirklichen. In der Friedrichstadt entstand mit der **Bienertschen Hafenmühle** (1913, Abb. 13) ein monumentaler Industriebau, der sich durch die Lisenengliederung aller Baukörper auszeichnet und ohne Bauschmuck allein durch seine Massen wirkt. Das Mühlenwerk hatte Bahnanschluss und war am Elbhafen gelegen. Es war im Besitz der Familie Bienert, die weitere Mühlen in Dresden-Plauen betrieb und sich im sozialen Bereich und als Förderer moderner Kunst engagierte. Theodor und Erwin Bienert sollen auf die Gestaltung des Komplexes Einfluss genommen haben. Die Bauglieder wurden in moderner Stahlbetonweise ausgeführt und glattverputzt.
Dominiert wird die Anlage durch den 64 m hohen Silo- und Wasserturm, der die gleichen gestalterischen Elemente wie die niedrigeren, lang gestreckten Baukörper des Mühlen- und Maschinenhauses aufweist: monumentalisierende Lisenengliederung, mehrfach zurückgestufte Walmdächer mit Zwerchhäusern sowie der Verzicht auf skulpturalen Bauschmuck. Turm und Maschinenflügel sind mit einer Brücke im siebenten Stock miteinander verbunden. Während der Turmbaukörper weitgehend fensterlos ist, sind die übrigen Fassaden von teils mehrfach gekoppelten Fenstern durchbrochen.
Die Gestaltung der Mühle mit dem hohen Turmbau war symbolhaft im Sinne einer modern aufgefassten und ins Industriezeitalter interpretierten sakralen Überhöhung – im Volksmund wurde die Hafenmühle zur „Getreidekirche".
Die Hafenmühle war durch eine Güterstraßenbahn mit den Bienert'schen Mühlen in Plauen verbunden. Sie ist noch heute in Betrieb und wird von der Dresdner Mühlen GmbH bewirtschaftet.

Einen weiteren Bau der Industriearchitektur, die in Dresden relativ wenig Beispiele hat, stellt das von Emil Högg und Richard Müller geplante Werksgebäude der **Ernemann-Werke** (Abb. 14) an der Ecke Schandauer/Junghansstraße dar. Es wurde kurz nach Beginn des Ersten Weltkriegs begonnen (1915) und 1923/24 fertig gestellt. Die Gebäude sind als Teil der Vorkriegsarchitektur zu betrachten; sie sind noch in der Vorkriegszeit so geplant worden.
Die Heinrich-Ernemann-AG produzierte Präzisions- und Kleinbildkameras und war erfolgreich bei der Entwicklung von Kinoprojektoren (Ernemann VIIb). Symbolhaft für die optische Produktion überragt ein 48 m hoher, insgesamt 13-geschossiger Turm in Form eines auseinander gezogenen Objektives den Komplex. In den Turm, der von einer laternenlosen Kuppel abgeschlossen wird, sollte ursprünglich eine Sternwarte eingebaut werden.
Von der geplanten 135 m langen, zwanzigachsigen Vierflügelanlage (mit der Hauptfassade an der Schan-

Abb. 13 Hafenmühle Bienert, Aufnahme um 1913

dauer Straße) ist nur der Kopfbau (vier Achsen) mit dem Turm und ein siebenachsiger Flügel vollendet worden; die Inflation Anfang der 1920er Jahre verhinderte die weitere Vollendung. Das Gebäude wurde in Stahlbetonskelett-Bauweise mit Stampfbetonteilen errichtet. Die Fassade macht auf den ersten Blick den Eindruck einer vollkommen versachlichten Industriearchitektur; bei genauerem Betrachten erkennt man aber z. B. die Perlstäbe, die die vertikalen, stark hervortretenden Stützen einfassen. Außerdem tragen kleinteilig unterteilte großflächige Fenster, zurückgesetzte Obergeschosse und die originelle Turmgestaltung (zurückgestufte Bauteile, Lisenengliederung, ovale Fenster) zur Auflockerung der funktionalen Bauweise bei. Richard Müller hatte eine neuartige Tragwerkkonstruktion entwickelt: im Innern wurden die Stützen versetzt angeordnet, was sich vorteilhaft für Statik und Flächenausnutzung erwies.
Der Bau der Ernemann-Werke (später Zeiss-Ikon bzw. Pentacon, jetzt Technische Sammlungen der Stadt Dresden) gehörte zu den modernsten Industriebauten Deutschlands – er nimmt die neusachliche Architektur (im Entwurf) schon vorweg – und zu den ersten Hochhausbauten der Stadt; der Turm wurde zu einem Wahrzeichen der Dresdner Fotoindustrie.
Der aus Bremen stammende **Emil Högg** (1867–1954) war Mitglied der „Zunft" und ab 1911 Professor an der TH; mit dem Pumpspeicherwerk Niederwartha (1928–31) verwirklichte er einen weiteren Industriebau, in diesem Falle in neusachlich-expressionistischen Formen und in Klinkerbauweise.

Das im Krieg zerstörte **Residenzkaufhaus** (1912, Ecke Prager Straße/ Waisenhausstraße, Abb. 15) des Leipziger Architekten und Werkbund-Mitglieds Emil Franz Hänsel (1870–1943) gab der Dresdner Innenstadt ein elegantes Beispiel für den besonders durch Alfred Messels Berliner Kaufhaus Wertheim (1904) geprägten großstädtischen Warenhausbau. Ähnlich wie diese Inkunabel der deutschen Architekturgeschichte zeichnete sich das Residenzkaufhaus, „Dresdens erster bedeutender Kaufhausbau" (Fritz Löffler), durch plastische, über mehrere Geschosse reichende Stützen aus Beton aus, zwischen denen die großzügig verglasten Fenster die „Wand" bildeten. Zwischen die Pfeiler eingeschobene Fensterkompartimente im ersten Stock und bogenförmig abgeschlossene Zwerchhäuser im Dachbereich glichen die starke vertikale Betonung der Fassade harmonisch aus.

Abb. 14 Ernemann-Werke, Aufnahme um 1925

Ein noch wenig gewürdigter Vertreter der Dresdner Reformbaukunst war **Martin Dülfer** (1859–1942). Dülfer, der aus Schlesien stammte, hatte sein Studium 1886 bei Friedrich von Thiersch in München beendet und wirkte erfolgreich als freier Architekt in der bayrischen Metropole, bis er 1906 auf Betreiben Fritz Schumachers als Professor für das Entwerfen von Hochbauten an die Dresdner Technische Hochschule berufen wurde. Dülfer hatte sich als Spezialist für den Theaterbau einen Namen gemacht, wovon u. a. Bauten in Meran (1900), Dortmund (1903–04) und Lübeck (1906–08), sowie auch spätere Theaterprojekte (z. B. das 1929 nach Dülfers Plänen fertig gestellte Nationaltheater in Sofia) Zeugnis ablegen. (Wie erwähnt, erhielt Dülfer mit Lossow & Kühne den gemeinsamen ersten Preis im Wettbewerb für das Dresdner Schauspielhaus.) Standen seine Münchner Villen- und Mietshausbauten noch stark unter dem Einfluss des Jugendstils, so wandte er sich in Dresden verstärkt der Reformbewegung zu; er wurde auch Mitglied der „Zunft". Als Hochschullehrer war Dülfer sehr einflussund erfolgreich; Dresden hatte vor dem Ersten Weltkrieg mit 340 Studenten die zweitgrößte deutsche Architekturfakultät (nach München). Dülfer war auch Vorsitzender des BDA (1908–12), einige Jahre Stadtverordneter und 1920/21 Rektor der TH. In Dresden baute Dülfer relativ wenig, zu seinen Werken zählte u. a. der Umbau des Hotels Bellevue.
Von Dülfers umfangreichen Planungen für die Dresdner Hochschulbauten – er hatte 1910 einen großzügigen Bebauungsplan für das Gelände vorgelegt – konnte durch den Ausbruch des Ersten Weltkrieg und die Finanzknappheit der Hochschule und des sächsischen Staates in den 1920er Jahren nur wenig verwirklicht werden.

Abb. 15 Residenzkaufhaus, Aufnahme um 1912

Abb. 16
Beyer-Bau der TU Dresden

Der **Beyer-Bau** der Technischen Universität (1910–13, ursprünglich das Gebäude der Bauingenieurabteilung der TH, Abb. 16) war einer der wenigen Bauten, die zur Ausführung kamen. Im Gebäude waren weitere Institute untergebracht (geodätisches Institut, Flussbaulaboratorium und Sternwarte). Dülfer kam es beim Bauingenieurgebäude vor allem auf die Materialgerechtigkeit an. Die roten Klinkerfassaden unterstreichen die Ästhetik des Baustoffes. Anders als bei den gleichfalls in Backstein ausgeführten Hochschulbauten von Dülfers Vorgänger Karl Weißbach kommt hier eine neue Form- und Materialgesinnung zum Tragen. Die Klinkerfläche wird durch das Herauskragen einzelner Ziegel strukturiert. Eine Vielzahl kleinteiliger, großer hoher Fenster wechselt sich mit monumentalisierenden Lisenen ab, betont die Vertikale des Baukörpers und leitet so organisch zum aufstrebenden Turm über. Dieser 40 m hohe Observationsturm ist als solcher zeichenhaft ausgeführt und hebt sich in seiner hellen Ausführung in Sichtbeton, die von großen Glasflächen durchbrochen ist, bewusst von den roten Backsteinmauern des Gebäudes ab. Ursprünglich war auch der Turm von vertikal verlaufenden geometrisierenden Dekorationen plastisch geschmückt, er wurde nach den Beschädigungen des Krieges vereinfacht wiederaufgebaut.
Vor- und zurückspringende Risalite, abgewalmte Giebel und Fenstergewände und zurückhaltend eingesetzte dekorative Elemente (Balustraden, Festons etc.) aus Sandstein und Beton lockern die strenge Lisenenarchitektur auf. Besonders elegant und nobel erscheint die geschwungene Fassade am Fritz-Foerster-Platz.
Nach dem Weltkrieg konnte Dülfer noch die Bauten für die Chemische Abteilung (1926 eingeweiht, heute Fritz-Foerster-Bau, Erich-Müller-Bau und König-Bau) verwirklichen, die ebenfalls in rotem Klinker ausgeführt sind und z. T. expressionistische Details aufweisen.
Dülfers Hochschulbauten stellen seltene Beispiele der Dresdner Reformarchitektur dar, die in Backstein ausgeführt sind.

Abb. 17
U.T.-Lichtspiele, Aufnahme um 1913

Ein Bauwerk, das in den Bereich der Unterhaltungsarchitektur gehört, soll diesen Überblick über die sakralen und profanen öffentlichen Bauten schließen: die **Union-Theater-Lichtspiele (U.T.-Lichtspiele,** Abb. 17) in der Waisenhausstraße 21–22. Dieser frühe Kinopalast für 1000 Zuschauer wurde 1913 eröffnet. Der Bau wurde im Krieg beschädigt und 1961 abgerissen. Geschaffen hatte ihn der Dresdner Architekt **Martin Pietzsch** (1866–1961). Bemerkenswert an dem in einem Hofgrundstück eingebauten Saal mit Parkett und Rang war der hufeisenförmige, dynamische Grundriss, die sogartige, abgetreppte Proszeniumeinfassung und der völlige Verzicht auf figuralen Schmuck. Pietzsch überzog den Raum vollständig mit einem geometrisierenden, kristallartigen Verputz, der an Stalaktiten oder ähnliche Strukturen aus der Natur erinnerte. Das vornehm ausgestatte Filmtheater besaß Foyers mit Marmorverkleidung; der Kinosaal hatte einen Orchestergraben für 25 Musiker. Am erstaunlichsten war die Lichtarchitektur des Saales: drei umlaufende Leuchtstränge aus Tausenden von Glühbirnen waren in die Decke eingelassen und schufen ein völlig neuartiges Raum- und Lichterlebnis. Dieses zur Erbauungszeit größte Lichtspielhaus Dresdens und gleichzeitig eines der größten in Deutschland war wahrscheinlich das erste Kino mit hufeisenförmigem Grundriss und einer dynamischen Lichtarchitektur – künstlerisch eine der bedeutendsten Schöpfungen der deutschen Kinoarchitektur der Stummfilmzeit. Das Gebäude, das zweifellos einen unitären Charakter aufweist, kann aber als Ausdruck einer neuen reformerischen Raumkunst angesehen werden, die nicht mittels konventioneller symbolhafter Dekoration und Ausstattung einen repräsentativen Eindruck erzeugen will, sondern durch moderne technische Mittel und eine der Funktion eines Lichtspielpalastes angemessene Architektursprache.

Ulrich Hübner, Gernot Klatte

Villen und Wohnhausbauten

„Houses are built to live in, not to look at" (Francis Bacon) – mit diesem Zitat eröffnete **Hermann Muthesius** den zweiten Band seines berühmten Werkes zur architektonischen und technischen Entwicklung des englischen Wohnhausbaus, „Das englische Haus", (1904–05). Es könnte symbolisch stehen für die Bemühungen auch der deutschen Architekten vor dem Ersten Weltkrieg, das Wohnhaus auf seinen ureigensten Zweck – das Wohnen – zurückzuführen und die Architektur von jeglichen überflüssigen Dekorationen und architektonischen Details zu befreien, die allein der Repräsentation dienen. Das Buch war eine wichtige Vorlage für eine **Reform des deutschen Wohnhausbaus**. Gleichwohl wurde von Muthesius erkannt, dass es nötig sei, die englischen Vorbilder in Gestaltung und Konzeption nicht einfach zu übernehmen, sondern eine eigene, genuin deutsche moderne Wohnhausarchitektur zu schaffen, da die kulturellen, soziologischen und klimatischen Voraussetzungen für den Wohnhausbau und das Wohnen in Deutschland andere als in England waren. Einflussreiche Werke für diese Bestrebungen waren Paul Mebes' Buch „Um 1800" und die vielbändigen „Kulturarbeiten" von Paul Schultze-Naumburg, die aus der eigenen mitteleuropäischen Tradition Beispiele – meist anonyme, qualitätvolle Profanbauten wie Landhäuser, städtische Bürgerhäuser und Inneneinrichtungen des *Louis seize*, des Klassizismus und des Biedermeier – lieferten.
Wichtige Repräsentanten dieser Reformbewegung des Wohnens, neben Muthesius selbst vor allem Heinrich Tessenow, Richard Riemerschmid u. a., wirkten in diesem Sinne auch in Dresden, vor allem in Hellerau. Aber auch Dresdner Architekten und Baumeister von regionaler Bedeutung leisteten Bemerkenswertes auf diesem Gebiet.

Verknappt dargestellt bedeutete die Reform des Wohnhauses:
Die **Grundrisse** der Villen und Landhäuser entwickelten sich fort vom starren Schema der repräsentativen und formalen Räume und Raumfolgen hin zu Lösungen, die die Wohnlichkeit, Behaglichkeit und das „Funktionieren" der Wohnung an erste Stelle bei der Konzeption stellte. Für Dresden bedeutete das u. a. die Lösung von dem an der Renaissance orientierten Grundrissschema der Semperschule mit der zentralen Halle, um die alle Räume angeordnet waren. Nun wurden die Räume frei „komponiert", die Grundrisse wurden aufgelöster und oft asymmetrisch. Man lehnte sich dabei vor allem an die publizierten modernen englischen Landhäuser an.
Bei der formalen **äußeren Gestaltung** wurden allgemeine, aber typische Formen der Wohnhausarchitektur englischer, italienischer und verstärkt auch regionaler Herkunft benutzt und neu interpretiert, von denen einige hier aufgeführt seien:

Abb. 1
Villa Gerhart Hauptmann, um 1900

- englische und schottische Einflüsse: Schornsteinformen, *bay windows*, Öffnung des Hauses zum Garten.
- italienische Einflüsse: flache und weit überstehende Dächer, Fensterläden.
- deutsche Einflüsse: Holzverbretterung, Verkleidung von Wandflächen mit Schiefer, Fachwerkelemente, Gauben und Zwerchhäuser, Mansarddächer.

Auch die **Inneneinrichtung** (Holztäfelungen, Kamineinfassungen, Treppengeländer, Türen, Möbel etc.) wurde von den Architekten, die sich auch als Raumkünstler verstanden, entworfen und der äußeren Gestaltung angeglichen. Das Haus wurde zum Gesamtkunstwerk.
Die **Ausstattung** der herrschaftlichen Villen mit modernen technischen Versorgungseinrichtungen: elektrischem Licht, Bad, WC und Zentralheizung (mit Heizungsanlage im Keller und Heizkörpern in den Räumen), war um 1910 schon weitgehend üblich. Die neuen technischen und hygienischen Annehmlichkeiten wurden in abgestuftem Maße auch in weniger exklusiven Wohnbauten oder Mietshäusern eingesetzt (Letztere waren meist noch mit Kohleheizung ausgestattet, wenn es sich nicht um großbürgerliche Mietswohnungen handelte).

Eine Inkunabel des monumentalen, „zyklopenhaften" neuen Stils, die **Villa für Gerhart Hauptmann** (Abb. 1) an der damaligen Hochuferstraße 14 (heute Käthe-Kollwitz-Ufer), wurde 1900 von Schilling &

Links oben: Abb. 2 Villa Wollner

Links unten: Abb. 3 Villa Oskar Menzel, Aufnahme 1907

Rechts oben: Abb. 4 Haus des Schulmeisters

Rechts unten: Abb. 5 Villa Grübler, Aufnahme 1905

Gräbner errichtet; sie wurde 1945 zerstört. Bis in den oberen Giebelbereich gezogene Rustizierung im Gegensatz zu glatten Putzflächen, ein völliger Verzicht auf herkömmliche Dekorationsformen, symmetrischen Aufbau von Fassade und Grundriss und die geschickte malerische Anordnung der Massen zeigte in großartiger und kühner Weise den Schritt zu einer neuen Baugesinnung. Eine Zuordnung dieses Baus zum Jugendstil erscheint hier verfehlt.

Die **Villen Wollner** (1907–09, Abb. 2) und **Hottenroth** (um 1910) in Wachwitz und Loschwitz von Wilhelm Kreis sind Beispiele für die Auseinandersetzung mit der barocken Dresdner Architekturtradition, Kreis' Rückgriffe auf Barock und Klassizismus stehen in seinem Traditionsbewusstsein. Reformerische Akzente an der Villa Wollner sind Putzspiegel, Ornamente und der plastische Schmuck im Garten von Karl Weinberger, Georg Wrba und Rudolf Born.
Die Villen erheben jedoch kaum Anspruch auf Neuerung, sondern fügen sich vielmehr der herkömmlichen Tradition.

Die eigene **Villa** des Dresdner Architekten **Oskar Menzel** auf der Robert-Diez-Straße 10 in Loschwitz wurde 1903 auf steilem Hang errichtet (Abb. 3). Das sichtbare Spiel mit verschiedenen geometrischen Formen (dem konisch zulaufenden Turm, dessen Verjüngung durch die nach oben kleiner werdenden Fenster deutlich verstärkt wird, dem großen, fast das gesamte Haus umfangenden Giebel, der Verschiedenheit der Dachformen sowie den zahlreichen Durchbrechungen des steilen Daches durch Erker, Balkon und Terrasse) vermitteln insgesamt einen burgartigen Charakter. Dieser Eindruck wird durch den bossierten Sockel verstärkt. Die Vielfalt liegt bei diesem Beispiel in der großen Form und nicht im kaum vorhandenen kleinteiligen Reformschmuck. Die reduzierte Fassade trägt zum trutzigen und massiven Gesamteindruck des Bauwerks bei. Ganz anders zeigt sich das **„Haus des Schulmeisters"**, welches Menzel bereits 1900 auf der Schevenstr. 6b erbaute (Abb. 4). Die klare Gliederung der Kubatur mit hohem Satteldach und Baukörper auf rechteckigem Grundriss wird durch die zahlreichen Fassadenelemente (kompakter Eckerker, verschiedene Fensterformen, Zierfachwerk im Giebel und fünf quasi zu einem Band zusammengefasste Fenster) akzentuiert und aufgelockert. Die Qualität dieser Villenbauten wird unterstrichen durch ihre Publikation im erwähnten „Einzelwohnhaus der Neuzeit" von Hänel und Tscharmann 1907.

Zu einem der interessantesten Beispiele zählt die bei Hermann Muthesius „Das moderne Landhaus und seine innere Ausstattung" 1905 publizierte **Villa Grübler** von **Fritz Schumacher** auf der Bernhardtstr. 98 in Dresden-Südvorstadt (Abb. 5). Bereits 1903 errichtete Schumacher diese Villa, deren mittelalterliche Reminiszenzen (hervortretendes Giebelfeld auf hölzernen Konsolen) sich mit dem englischen Landhausstil (hohe Dachlandschaft und Schornsteine, Fachwerkbetonung und Großflächigkeit des hervortretenden Giebelfeldes) berühren. Der Bau überträgt damit einen romantisierenden, ländlich-heimatlichen Habitus in ein städtisches Umfeld. Darüber hinaus spielte Schumacher ebenso wie Menzel mit verschiedenen Fensterformen, z. B. dem schmalen Fensterband im oberen Teil des Giebels, dessen Ausschwingen vom darunterliegenden Dachstreifen aufgenommen wird. Schumacher hat geradezu spielend verschiedene Formen komponiert, indem er einerseits das Fußwalmdach adaptierte und andererseits durch großes Zierfachwerk die Gartenseite gliederte und gleichzeitig gestaltete. Die üppige Dachlandschaft ist mit englischen Schornsteinen bekrönt. Der bossierte Sockel weist auf die Standfestigkeit des Hauses hin, kontrastiert jedoch wiederum mit der Leichtigkeit des Fachwerks. Die innere Ausstattung folgt den Grundsätzen der Reformkultur. Zahlreiche Holzmöbel und Holzverkleidungen (z. B. getäfelte Decke) in der Eingangshalle und den sich darum gruppierenden Zimmern unterstreichen Schumachers Reformgedanken.

Auch die gleichzeitig entstandene **Villa Staffelsteinstr. 31** (Abb. 6) von **Rudolf Kolbe** verschweigt ihre Herkunft aus dem englischen Landhausstil nicht. Das tiefgezogene und weit überkragende Satteldach, welches durch die üblichen hohen Schornsteine bekrönt wird, bindet den terrassenartigen Balkon organisch ein. Die hölzerne Balustrade, der holzverkleidete Dachausbau und die Verbretterung an der Giebelfront verschmelzen den Bau mit seinem Standort am Hang zwischen reichem Baumbestand. Zusätzlich verstärkt das Untergeschoss aus Bruchstein diesen Eindruck. Kolbe errichtete das Haus für den Maler A. Hertzing in beschaulicher Hanglage mit Blick über das Elbtal. So ergänzen sich pittoresker Anspruch der Architektur und malerischer Einbindung in die Umgebung. Ebenfalls 1903 errichtete Kolbe das **Landhaus Dr. von Beust** auf der Malerstraße 16 (Abb. 7). Die 1907 von Hänel/Tscharmann publizierte Villa erfreut sich einer klaren und formgebenden Gliederung in rustizierten Sockel, verputztes Erdgeschoss, verbrettertes Obergeschoss und hervorkragendes Walmdach. Zudem erheben die weiß aus der dunklen Verbretterung heraustretenden Fenstergewände einen ästhetischen Anspruch. Gartenseitig ist der Bau durch eine breite Loggia und Balkone geöffnet, entsprechend dem reformerischen Streben nach Luft, Licht und Natur. Das **Landhaus Kruse** (Abb. 8) auf dem Weißen Hirsch, Collenbuschstr. 18, erbaute Kolbe 1910–11. Dabei wird deutlich, dass der Architekt zwar bestimmte Elemente wie den rustizierten Sockel erneut einsetzte, sein Duktus sich aber versachlichte. Der dominante, halbrunde Säulenvorbau für Loggia und Balkon wirkt zusammen mit dem Segmentgiebel kraftvoll und kontrastiert mit dem großen tiefgezogenen Dach. Besonders im Gegensatz zur Villa Staffelsteinstr. 33 wirkt dieser Bau monumental und betont weniger die malerische Einbettung.

Abb. 6
Villa Staffelsteinstraße 31

Abb. 7
Landhaus Dr. von Beust

Abb. 8
Landhaus Kruse

Links oben:
Abb. 9
Landhaus Kügelgenstraße 10

Links unten:
Abb. 10
Wohnhaus Dr. Trutzschel, Zeichnung 1907

Rechts:
Abb. 11
Königsbrücker Str. 74/ Bischofsweg

Max Hans Kühne war vor seiner Teilhaberschaft bei Lossow & Kühne (ab 1906) schon als Architekt tätig und besonders im Villen- und Wohnhausbau erfolgreich. Für den Hofphotographen Müller baute Kühne 1902 (zur Hochzeit des Jugendstil!) das schlichte, italienisch anmutende zweigeschossige **Landhaus Kügelgenstraße Nr. 10** (Abb. 9). Es ist gekennzeichnet durch flache, stark überkragende Walmdächer, den gelben Fassadenputz und die relativ kleinen, vielgestaltigen Fenster, die mit Läden versehen sind. Bis auf zwei figurale Reliefs in den Bogenzwickeln der dreiachsigen Eingangsloggia ist der Bau schmucklos und wird einzig durch die Staffelung der Baumassen, z. B. durch den dominanten Turmansatz im hinteren Bereich, akzentuiert – eine freie Interpretation italienischer Motivik.

Das ebenfalls von Kühne errichtete **Wohnhaus Dr. Trutzschel** (1904, Abb. 10), Charlottenstraße 36 im Waldschlösschenviertel, zeigt in den Kartuschen über Eingang und Erdgeschossfenstern zwar barocke Details, ist aber in seinem Grundriss und der Fassadengestaltung dem Reformgedanken verpflichtet. Zwar wirkt der Baukörper kompakt – das hohe stark überkragende Walmdach trägt dazu bei –, er ist aber durch Erker, eine überdachte Vorhalle mit darüberliegender Terrasse auf der seitlichen Gartenfront und vor allem durch das *bay-window*-Motiv der Hauptfassade aufgelockert. Das letztgenannte Element verweist auf englischen Einfluss. Bis auf die erwähnten barockisierenden Details ist die kleine Villa fast völlig schmucklos. Architektonische Gestaltungselemente sind die kleinteilig gegliederten Fenster (z. T. quadratische Grundform), der Wechsel von glattem und rauem Putz und die rundbogenförmige Gaube mit Austritt im Dachbereich.

Neben Kühne haben in dieser Villengegend im Norden der Stadt vor dem Ersten Weltkrieg weitere der Reform verpflichtete Architekten größere Einzelhäuser errichtet (vgl. Charlottenstraße 34 von M. Pietzsch). Die Wohnhäuser **Königsbrücker Straße 74 / Bischofsweg** (Karl Strunz, 1910, Abb. 11), **Hoyerswerdaer Straße 39/ Bautzner Straße** (Curt Herfurth,

Abb. 12
Hoyerswerdaer Str. 39/ Bautzner Straße

1910, Abb. 12, 13), **Löwenstraße 12 und 10 / Bautzner Straße** (1913) und **Bautzner Landstraße 10** (Max Herfurt, 1905, Abb. 14) zeigen exemplarisch, wie der Reformgedanke der Landhausarchitektur in das städtische Mehrfamilienhaus übertragen wurde. Die drei Eckbebauungen von 1910/1913 zeichnen sich nicht nur durch eine Vielzahl von Reformschmuck wie Rhomben, Ovale und andere ungegenständliche Putzornamente aus sondern sie präsentieren mehr oder weniger den Einsatz von so verschiedenen Materialien wie Holz, Kupfer bzw. Schiefer als Wandverkleidung und Schmuckform der Außenhaut. Auffällig ist die Deutlichkeit, mit der sich die Häuser in ihrer wichtigen städtebaulichen Funktion von den umgebenden Gründerzeithäusern emanzipieren. Das Wohn- und Geschäftshaus an der Bautzner Landstraße erhebt einen besonderen gestalterischen Anspruch durch die mit Kupfer verkleidete, gebrochene Loggia an der Hauptfassade, die die beiden mehrstöckigen Erker verbindet. Auch der etwas überproportionierte, massige Dachreiter ergänzt das vielfältige Formenspiel und steht im Einklang mit einer Reihe weiterer Akzente, wie den „modern" wirkenden breiten Schaufenstern mit Korbbogenabschluss und den zahlreichen reformtypischen Putzornamenten.
Ähnlich repräsentative Wohn- und Geschäftsbauten an städtebaulich bedeutenden Kreuzungen und Plätzen gab es mehrere im Vorkriegs-Dresden, ein besonders schönes Beispiel stand bis zu seiner Zerstörung 1945 am Postplatz, Wilsdruffer/ Ecke Wallstraße; es wurde 1912 für das **Stahlwaren-Geschäft C. Robert Kunde** errichtet. Einen ehe sachlichen Typus findet man an der **Ostra-Allee 29**, Ecke Maxstraße (vgl. Katalog).

Das breite Repertoire der Firma **Schilling & Gräbner** zeigt nicht nur die bereits erwähnten Kirchen- und Öffentlichkeitsbauten, sondern auch eine Vielzahl sozialer Siedlungsbauten. Das hohe Maß an sozialem und künstlerischem Engagement – sowohl Rudolf Schillings zeitweiliger Vorsitz des Dresdner Spar- und Bauvereins und des Bauvereins „Kriegerfamilienheim m.b.H." als auch Julius Gräbners Mitwirkung im Dürerbund, der „Zunft" und dem Verein für kirchliche Kunst – sicherten den beiden Architekten einen festen Platz in der Dresdner Kunst- und Architekturszene. Die **Dr.-Becker-Häuser** an der **Königsbrücker / Paulstraße** in Dresden-Neustadt (1906–08, Abb. 15, 16) und die **Rudolf-Schilling-Häuser** in Dresden-Striesen (1910–1911, Abb. 17) zeigen eine gemeinsame Formensprache. Kraftvoll setzen sie der Mietskaserne des ausgehenden 19. Jahrhunderts neue Gestaltungselemente entgegen. Während die Dachlandschaft belebt wird durch verschiedene Formen, große Mansarden, die Haube eines kolossalen Turmes an der Ecke, sind die Hauseingänge auf originelle Weise in Keramik gefasst. Die Keramikplatten enthalten plastischen Schmuck, der typische Formenelemente der Reformarchitektur wie Rhomben und Ovale mit gegenständlichen Putten und Pflanzenornamenten verbindet. Auch der Wechsel zwischen rundbogigem und geradem Abschluss der Eingänge und die Verschiedenfarbigkeit der einzelnen Keramikplatten löst Konventionen auf und belebt das Ensemble.
Die **Palmié-Häuser** (1912–14 oder 1913–20, Abb. 18) von Heinrich Koch an der Maxim-Gorki-Straße in Trachenberge, eine Siedlung des Spar- und Bauvereins mit einfachen 2-Zimmer-Wohnungen, zeigen eine ähnliche Baugesinnung und vergleichbare, wenn auch einfachere Formensprache.
Bei all diesen Siedlungsbauten stand nicht die Architektur im Mittelpunkt, sondern soziale und hygienische Komponenten wie ansprechende Zimmergrößen, moderne sanitäre Anlagen, Licht und Luft (Balkone!), Gemeinschaftsräume usw. Dass diese Ansätze des lebensreformerischen und sozialen Wohnungsbaus mit den gestalterischen Elementen Hand in Hand gehen, macht den hohen Stellenwert dieser Bauten des sozialen Wohnungsbaus aus.

Links:
Abb. 13
Hoyerswerdaer Str. 39 / Bautzner Straße, Eingang

Rechts:
Abb. 14
Bautzner Landstraße 10

Links oben: Abb. 15 Dr.-Becker-Häuser, Königsbrücker Straße/ Paulstraße

Links Mitte: Abb. 16 Dr.-Becker-Häuser, Königsbrücker Straße 78, Eingang

Links unten: Abb. 17 Rudolf-Schilling-Häuser, Wormser Straße 22-30

Rechts: Abb. 18 Palmié-Häuser, Rückertstraße 26, Fassadendetail

Ein weiterer Architekt, der die Entwicklung von der Überwindung von Historismus und Jugendstil exemplarisch nachvollzog, war der als Architekt des U.T.-Kinos erwähnte **Martin Pietzsch** (1866–1961). Nach einem Studium bei Constantin Lipsius widmete er sich ab 1895 dem gehobenen Villen- und Wohnhausbau, besonders in Loschwitz und Blasewitz. Martin Pietzsch kann als Vertreter der Reform angesehen werden, der anfangs teilweise schwankend zwischen Jugendstilelementen, Monumentalformen, Sezessionstil, Landhausstil, puristischen Zügen, und selbst klassizistischen Motiven seinen Weg suchte.

Mit dem **Künstlerhaus** an der Pillnitzer Landstraße in Loschwitz (1897–98, 1904–05, Abb. 19), einer Kombination von Ateliers und Künstlerwohnungen in einem Bau, schuf er eine typologische Neuheit.

Schon zum Zeitpunkt der Fertigstellung erregte das Künstlerhaus Aufsehen in Dresden. Pietzsch selbst berichtet nicht ohne Stolz von der Dresdner Architektenschaft, die ihre Studenten schickte: „Sehen Sie sich an, was so ein Kollege wagt. Gottlob kein Jugendstil, nur schmuckarme Zweckmäßigkeit. Es müsste festgestellt werden, ob die Mittel fehlten oder strenge Selbstbeschränkung der Schöpfung des Werkes zugrunde liegen."

Das Loschwitzer Künstlerhaus ist einem frühen, sehr individuellen Reformstil zuzuordnen, der auch noch historische Stilzitate verwendete. Helas (1999) ordnet das Gebäude der „unangepassten Reformkunst" zu. Die Symbiose von Architektur und Plastik im Treppenhaus (Lebensbaum) ist für ihn allerdings ein Markstein für den Dresdner Jugendstil. Ein weiterer stilistischer Aspekt ist die Nähe zur italienischen Architektur. Ein direktes Vorbild hat Pietzsch sicher nicht vor Augen gehabt, aber eine allgemeine Anlehnung an italienische (speziell venezianische) Wohnhausarchitektur war sicher beabsichtigt.

Die geometrisierenden Ornamente im Stil der Wiener Sezession sind zwar „erst" 1904/ 05 angefügt worden, dann aber souverän, z. B. als Quadratfries unterhalb des Dachüberstandes, ein Element, das Pietzsch auch an der 1904 in Dresden-Blasewitz errichteten strengsymmetrischen, sachlichen Villa Barthel, Wägnerstraße 8, verwendete. Am beeindruckendsten am Künstlerhaus bleibt die Sachlichkeit und Funktionalität der Nordfassade mit ihren riesigen Atelierfenstern.

Beim Künstlerhaus manifestiert sich Pietzschs stilistische Wende hin zu einer freieren Formensprache (z. B. zu italienisierenden Formen und dem Gegensatz von Flächigkeit und Ornament). Trotzdem sind selbst gotische Elemente noch zu beobachten – hier und an eini-

gen der folgenden Bauten Pietzschs wird man noch auf spitzbogige Fenster stoßen, die allerdings ganz willkürlich und untektonisch eingesetzt werden.
Pietzschs wuchtig-kraftvolles **Mietshaus Wägnerstraße 18** (1905, Abb. 20) ist in der plastischen Durchbildung des Baukörpers und dem fast disharmonischen Nebeneinander glatter Putzflächen und feiner floralen Bemalung, der Dachlandschaft und den Fachwerkelementen allgemein der reformerischen Gestaltungsweise zuzuordnen.
Die **Villa Grumbt** (1906-07, Abb. 21), Charlottenstraße 36, ist die vielleicht beste Leistung Pietzschs auf dem Gebiet des Wohnhausbaus. Das anspruchsvolle Raumprogramm und die Lage zwischen Nachbargrundstücken (besonders im Nordosten) erforderte einen relativ komplexen Grundriss und eine nicht weniger komplizierte Anordnung und Erschließung der Geschosse (inkl. dem Zwischengeschoss der Galerie). Die Grundform des Gebäudes ist klar gegliedert, die Anbauten (Erker, Veranda etc.) wirken angesetzt, sie sind nicht organisch erklärbar (eine kleine Ausnahme bildet die herausspringende elliptische Ausbildung der Nordostecke). Somit ist eine Zuordnung zum Jugendstil schwerlich möglich. Die Villa besitzt zwar nicht die strenge Grundform der wesentlich kleineren Villa Barthel, aber die Durchgestaltung der Details ist mindestens ebenso einheitlich. Die bossierten Quader des Sockels sind Ausdruck zeitgenössischer Reformarchitektur. Die Fassadenausformung und das Spiel der Massen und Flächen der einzelnen Ansichten sind dabei durchaus unterschiedlich, von einer barockisierenden Tendenz der Hauptfassade bis zu der aus Kuben komponierten Gartenseite; trotzdem entsteht durch die sparsame und dezente Dekoration, alles in „modernen" Formen, ein homogener Gesamteindruck. Die Details tragen nur teils Jugendstilcharakter, sind geometrisierend und stilisierend, teils weisen aber die Einzelformen auf expressionistische oder gar Art-Déco-Formen voraus.
Die Bedeutung des Gebäudes als Ausdruck des formalen Strebens nach modernen, einfachen Formen – ohne auf Bauschmuck zu verzichten – kann man vielleicht auch durch die Veröffentlichungen über die Villa Grumbt in der *Deutschen Bauzeitung* (1909) und in dem im Wasmuth-Verlag erschienenen großformatigen dreisprachigen Tafelwerk *Architektur des XX. Jahrhunderts* (1911) ermessen.

Im Jahr 1907 erschien der erste Band einer Reihe von Büchern zum modernen Wohnhausbau, herausgegeben vom Historiker Erich Haenel (1875–1940) und dem Architekten Heinrich Tscharmann (1859–1932). Haenel und Tscharmann widmeten sich den zeitgenössischen Einfamilienhäusern, Villen und Mietshäusern bekannter Architekten der Zeit, die in Kurztexten, Fotos und Grundrissen vorgestellt werden. Sie nahmen dabei die progressivsten außerdeutschen Architekten hinzu: Voysey, Shaw und Berlage sind mit Beispielen vertreten. Die Bände wandten sich an Kunstinteressierte und an praktizierende Architekten gleichermaßen. Die Architekten des Dresdner Raumes nehmen einen besonderen Platz in den Büchern ein. Bauten von Oswin Hempel, Rudolf Kolbe, Lossow & Kühne, Schilling & Gräbner, Georg H. von Mayenburg sowie Tscharmanns eigene Bauten stehen beispielhaft für die hohe Qualität der Dresdner Reformarchitektur.

Abb. 19
Künstlerhaus Dresden-Loschwitz

Abb. 20
Mietshaus Wägnerstraße 18

Abb. 21
Villa Grumbt

Ulrike Grötzsch

Reformbaukunst in Hellerau

Reformansätze in Struktur und Organisation Helleraus

Hellerau ist ein einzigartiges Experimentierfeld nicht nur der Reformbaukunst, sondern auch der **Lebensreform** in allen ihren Bereichen gewesen. Ausgehend von der angewandten Kunst in Kunstgewerbe und Möbelherstellung der Deutschen Werkstätten entwickelte sich um die „humane Fabrikarchitektur" eine an den Gartenstadtgedanken angelehnte Siedlungsgemeinschaft, die sich sowohl städtebaulich und architektonisch als auch wirtschaftlich/gemeinnützig und organisatorisch an den zeitgenössischen Reformvorstellungen orientierte und diesen zum Teil neue Wege wies. Darüber hinaus zog sie eine Vielzahl reformorientierter Künstler aller Genres an. Obwohl das Experiment durch interne Meinungsverschiedenheiten, wirtschaftliche Fehler und den Ausbruch des Ersten Weltkrieges scheiterte und Hellerau sich im Folgenden zu einer normalen Vorstadtsiedlung entwickelte, galt es den Zeitgenossen als Musterbeispiel einer deutschen Gartenstadt. Und noch heute zeigt seine Architektur wie in einer Bauausstellung exemplarisch die Vielfalt damaliger Reformansätze in außerordentlicher Dichte und zeugt vom Geist des Aufbruchs in allen Lebensbereichen der damaligen Hellerauer.

Karl Schmidts **Dresdner** und später **Deutsche Werkstätten** gehörten zu den Einrichtungsherstellern, die sich in der Tradition der englischen Arts & Crafts-Bewegung um William Morris entgegen historistischer oder jugendstilartiger Ornamentüberfrachtung dem zweckmäßigen und werkstofftreuen Möbel und kunstgewerblichen Gegenstand zuwandten. Die explizit zeitgemäßen und schlichten Formen wurden dabei durch eine „inneliegende" Qualität aufgewertet, die einerseits durch die Zusammenarbeit mit Künstlern bei der Entwurfsgestaltung und andererseits durch die ästhetische Bildung der beteiligten Arbeiter sichergestellt werden sollte. Schmidt unterschied sich aber von den zahlreichen gleichgesinnten Kollegen und auch dem englischen Vorbild durch die Verbindung der künstlerischen Entwurfspraxis mit der maschinellen und seriellen Herstellung typisierter Elemente (z.B. Richard Riemerschmids Maschinenmöbelprogramm „Dresdner Hausgerät" von 1905). Dieses zukunftsweisende Konzept war äußerst erfolgreich und wies auf die spätere Entwicklung des von Karl Schmidt wesentlich initiierten Werkbundes voraus, zu dessen Gründungsmitgliedern die „Hellerauer Werkstätten" (Nachkriegsname) gehörten.

In Ergänzung des Fabrikneubaus vor den Toren Dresdens gründete Schmidt in Zusammenarbeit mit dem ehemaligen Assistenten des Politikers Friedrich Naumann, Wolf Dohrn und anderen die **Reformsiedlung** „Hellerau". Sie verband den Zweck einer Arbeitersiedlung für die Fabrik mit dem gemeinnützigen Ansatz eines der Spekulation entzogenen und damit „sozialen" Kleinwohnungsbaus. Erweitert durch den eigenen Garten für jede Familie, eine vorbildliche städtebauliche und architektonische Gestaltung und den Gemeinschaftsgeist des „Gemeinwesens" sollte damit in einem liberal-bürgerlichen und idealistisch-philantropischen Sinn die Verbürgerlichung des Arbeiters befördert werden (Förderung von Sesshaftigkeit, Bodenverbundenheit und Individualisierung), ohne jedoch die herrschende gesellschaftliche Struktur in Frage zu stellen.

Im Unterschied zu den idealistischen Zielen des Begründers der Gartenstadtbewegung Ebenezer Howard, die neben politischer und wirtschaftlicher Autarkie ein egalitäres Gesellschaftsmodell mit Gemeineigentum auch des Grund und Bodens vorsahen, kam in Deutschland eine realistisch-marktgerechtere Variante zum Tragen, die durch eine „Bodenreform in einem umgrenzten Bezirk" (Wolf Dohrn) den Wertzuwachs des Bodens nach der Bebauung der Siedlungsgemeinschaft zukommen lassen wollte. In Hellerau waren bis 4 % des Wertsteigerungserlöses an die Anteilseigner auszuzahlen, weiterer Erlös war für gemeinnützige Bauten vorgesehen. Hier diente die ***Gartenstadt Hellerau GmbH*** als Bodenbesitzerin, die das Bauland erschloss und der Baugenossenschaft für den Kleinwohnungsbau verkaufte sowie für die Villenbauten im Erbpachtsystem und für die Fabrik zweckgebunden vergab. Die Diskrepanz zwischen privatwirtschaftlicher GmbH und gemeinnützigen Zielen sollte durch die ethischen und sozialen Ansichten der führenden Persönlichkeiten überbrückt werden. Im Sinne von Friedrich Naumann, der an die Lösung der sozialen Frage durch das fortschrittliche Großkapital selbst glaubte, bezeichnete Wolf Dohrn diesen Anspruch als den „Idealismus des echten Geschäftssinnes". Die *Baugenossenschaft* arbeitete mit kleinen Kapitalanteilen, langfristigen Mietbindungen und vererbbaren Mietverträgen zu „Bedingungen, die dem Mieter die Vorteile des eigenen Besitzes gewährleisteten, ohne dass er deren Lasten und Nachteile zu übernehmen hat" (Mitteilungen der DGG 1913).

Den **Gemeinschaftssinn** der Hellerauer Bewohner förderten die 1911 gegründeten Vereine Bürgerschaft Hellerau und Frauenvereinigung Hellerau. Ihr Ziel war einerseits die Bildung, Anregung und Beschäftigung der Hellerauer mit Kultur (Konzerte, Lesungen, Volkstanz) sowie nützlichen Dingen wie Gartenbau und Hygiene und andererseits die Förderung der gegenseitigen Unterstützung in Härtefällen und im Alltagsleben. Natürlich spielten gemeinsame Feste eine große Rolle. Die für diese Zwecke vorgesehenen Gemeinschafts- und Wohlfahrtsbauten (Badeanstalt, Gasthaus, Verwaltungs- und Veranstaltungsgebäude, Kindergarten u. a.) konnten durch den ausbleibenden Kapitalüberschuss, aus dessen Erlös ihr Bau geplant war, nicht realisiert werden.

Den schnell erworbenen Ruf Helleraus als **Kulturzentrum** und Künstlerkolonie (Kunsthandwerker Georg von Mendelssohn, Schriftsteller Emil Strauß, Alfons Paquet und Paul Adler) komplementierte ab 1910 (ab 1912 in Tessenows „Festspielhaus") die Bildungsanstalt für Rhythmik des Emile Jaques-Dalcroze. Sein Aufsehen erregendes Körperreformkonzept (die Aufführungen bei den Festspielen 1912 und 1913 zogen große Teile der europäischen Avantgarde wie Paul Claudel, Franz Kafka u.a. an) blieb nicht nur auf das Institut beschränkt. Es ging vielmehr darum, „ein neues organisches Leben zu schaffen, den Ort und seine Bewohner [...] mit Harmonie zu erfüllen, durch den Rhythmus eine moralische und ästhetische Architektur hervorzubringen, die eins ist mit der ihrer Häuser, den Rhythmus zu einer sozialen Einrichtung zu entwickeln und einem neuen Stil den Weg zu bahnen, in dem das Gefühl, die Seele der Bewohner unverfälscht zum Ausdruck gelangt" (Jaques-Dalcroze). Aus diesem Grund erhielten die Hellerauer Kinder kostenlosen Rhythmikunterricht.

Die Hellerauer **Architektur** ist eine Musterschau der verschiedenen Ansätze der Reformarchitektur. Ihr Zusammenwachsen zu einem künstlerisch anspruchsvollen wie zeitgemäßen und technisch-strukturell qualitätvollen Gesamtwerk überwachte die *Bau- und Kunstkommission Hellerau*, ohne deren Zustimmung kein Bau realisiert werden durfte. Ihr gehörten die heute zu den Spitzen der damaligen deutschen Architektenschaft gezählten Künstler Richard Riemerschmid, Hermann Muthesius, Hans Poelzig, Theodor Fischer und Fritz Schumacher an, darüber hinaus der Helleraugründer Karl Schmidt, der Dresdner Maler Otto Gussmann und der Münchner Bildhauer Adolf von Hildebrand. Der Bau- und Kunstkommission wurde sogar mittels einer staatlichen Sondergenehmigung die Rolle der Bauaufsicht übertragen, da die Bebauung nicht in das übliche Raster einzuordnen war. Die Landesregierung genehmigte Hellerau eine eigene, von den Mitgliedern der Bau- und Kunstkommission erarbeitete *Bauordnung*, die die Gestaltungsgrundsätze bis in Details wie beispielsweise den Straßenbelag regelte. Neben dem gestalterischen Anspruch ging es vor allem um qualitätssichernde Anforderungen wie geringe Baudichte und -höhe, Mindestmaße (beispielsweise der Raumhöhen und der Fensterflächen pro Raum), Hygienemaßnahmen u. a. Bei der Umsetzung dieses reformerischen Ansatzes kam das einmalige, fortschrittliche Modell der Planentwicklung unter Einbeziehung der künftigen Mieter zum Tragen, deren Wohnvorstellungen Schmidt mittels Fragebögen ermittelte und – ausgewertet – Riemerschmid als Planungsgrundlage zur Verfügung stellte.

Die gesamte **Entwicklung** Helleraus vollzog sich in äußerster Kürze: Der Gründung 1906 folgte nach der Planungsphase der Baubeginn im Frühjahr 1909. Bereits nach zwei Jahren standen ca. 140 Kleinhäuser und 20 Villen für 1000 Einwohner zur Verfügung und 1914 hatte sich die Bebauung verdoppelt. Doch schon 1913 beendete die Krise um die Gestaltung und Finanzierung des Festspielhauses das gemeinsame Wirken der Gründungsmitglieder, auch in der Bau- und Kunstkommission. Dieser die Grundstruktur der Reformsiedlung bereits zersetzenden Entwicklung setzte der Ausbruch des Ersten Weltkrieges einen Schlusspunkt.

Städtebau

Der vielseitig begabte Maler, Kunstgewerbler, Städtebauer und Architekt **Richard Riemerschmid** kann als der dominierende Architekt Helleraus angesehen werden: Er erarbeitete sowohl den städtebaulichen Gesamtentwurf der neuen Siedlung als auch die Architektur des Werkstättenkomplexes, eines Bereiches des Kleinhausviertels und mehrerer Landhäuser. Er hatte schon seit mehreren Jahren für Karl Schmidts Werkstätten kunsthandwerkliche Entwürfe gefertig und kam als Schüler **Theodor Fischer**s aus der Tradition der von Camillo Sitte initiierten Städtebaureform: Als Reaktion auf die rechtwinklige Ordnung des lateinisch geprägten Historismus (u. a. der Semperschule) und auf die sich zunehmend unmenschlicher entwickelnden Großstädte wurden ländliche und bürgerliche Vorbilder vor der Industrialisierung um 1800 wichtig. Fischer setzte einer zunehmend „falschen" Romantik die Einbeziehung pragmatischer und moderner technischer Möglichkeiten sowie die Orientierung an natürlichen Gegebenheiten für abwechslungsreiche, erlebbare Stadträume entgegen. Er hatte sowohl als Riemer-

Abb. 1
Plan Helleraus (Gartenstadt Hellerau, 1911)

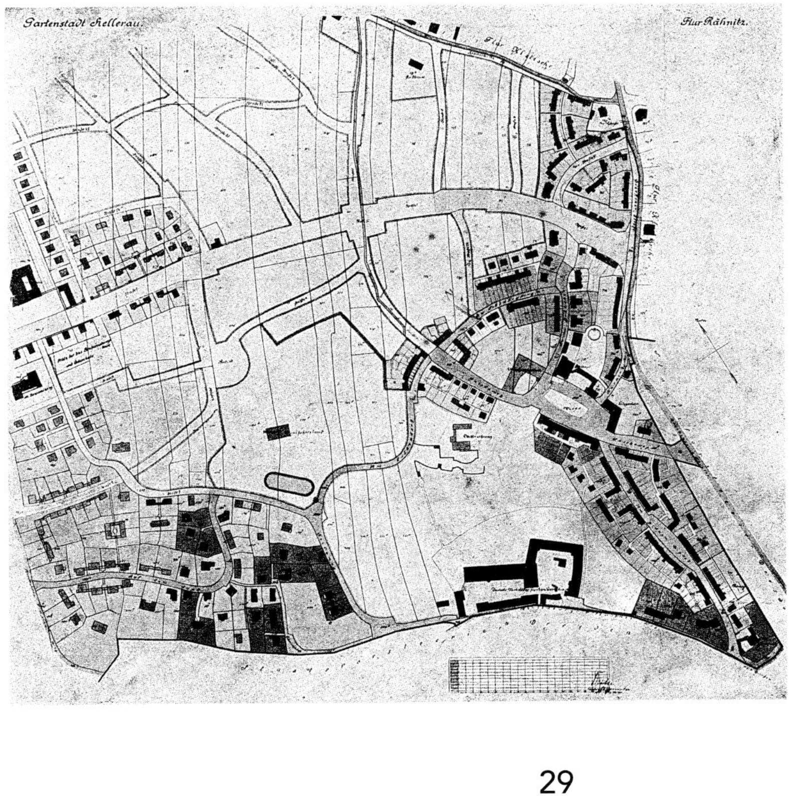

Abb. 2 Deutsche Werkstätten Hellerau, Moritzburger Weg 67

Abb. 3 Kleinhäuser, Am Grünen Zipfel

Abb. 4 Landhaus, Auf dem Sand 21

schmids Lehrer als auch als Mitglied der Bau- und Kunstkommission direkten Einfluss auf die Gestaltung Helleraus.

In **Hellerau** (Abb. 1) werden die genannten Prinzipien in der Anpassung der Straßen an das natürliche Gelände, die Nutzung alter Wege, die Differenzierung in Hauptverkehrs-, Zubringer- und Wohnstraßen, die Erhaltung des alten Waldbestandes und die Abwechslung verschiedener Baugruppen und Hausformen sowie der Handschriften verschiedener Architekten deutlich. Um trotzdem die – auch inhaltlich wichtige – Einheitlichkeit des Gesamtwerkes zu erreichen, wies der Bebauungsplan einem Architekten jeweils ganze Straßenzüge zu, deren Baufluchtlinien dieser ebenfalls selbst gestalten konnte. Zur Vereinheitlichung trug auch erstmalig eine gewisse Typisierung, d.h. Einigung auf eine beschränkte Anzahl Fenster- und Türgrößen, bei. Die Strukturierung und Abwechslung wiederum gewährleistete die Gliederung des gesamten Geländes in 5 Bauzonen: Im Kleinhausviertel im flacheren Osten war die Beteiligung von 7 Architekten geplant; ausgeführt wurden die Entwürfe von Richard Riemerschmid, Hermann Muthesius, Heinrich Tessenow und Kurt Frick. Das Landhausviertel im bergigeren und bewaldeten Südwesten sollte ursprünglich ebenfalls einheitlich gestaltet werden, was jedoch zugunsten der individuellen Wünsche der reicheren bürgerlichen Auftraggeber aufgegeben wurde. Das Werkstättenviertel, im Süden zwischen den beiden Wohnvierteln gelegen, war durch einen von der Bebauung ausgeschlossenen Grüngürtel von diesen abgetrennt. Das zentrale Gelände hatte Riemerschmid für Wohlfahrtseinrichtungen vorgesehen, die allerdings nie realisiert werden konnten. Der Nordwesten wurde für zukünftige Bebauungen nutzungsoffen gehalten. Diese kleinstädtische Siedlungsstruktur schätzten die Zeitgenossen als vorbildliches Meisterwerk, welches mit künstlerischer Harmonie zwischen „Naturbild" und „Menschenwerk" vermittelte. Bis heute sind dieser kleinstädtische Charme und die Wohnqualität nicht verloren gegangen.

Architektur

Richard Riemerschmid

Riemerschmid, um die Jahrhundertwende ein Hauptvertreter des Münchner Jugendstils, wandte sich auf der Suche nach den „ursprünglichen Formen unveränderlicher Zweck- und Materialbedingungen" (Paul Johannes Rée) der Volkskunst und regionalen vorindustriellen Bauformen zu. Sein **Werkstättenkomplex** (Abb. 2) ist wie bei einem Gutshof mit Wirtschaftsgebäuden um einen großen Hof gruppiert. In den Ecken setzen Treppentürme Akzente, im Südosten der Verwaltungstrakt. Diesem entspricht im Westen das Maschinenhaus mit Uhrturm, welches gleichzeitig als Energiezentrale für die Werkstätten und die Siedlung diente. Der Grundriss der Gesamtanlage zeigt die Form einer Schraubzwinge, war aber funktional organisiert, ohne den Menschen zu vernachlässigen: Die schmalen Fertigungshallen garantierten Tageslicht für jeden Arbeitsplatz, die Fenster erlaubten den Blick nach draußen. Diese Menschlichkeit, Funktionalität und abwechslungsreiche Form verbindende Fabrikarchitektur hätte sogar der Industriegegner William Morris positiv bewertet. Walther Gropius dagegen kritisierte sie als „unsachliche Bauernromantik". In diesem Spannungsfeld bildete sie den Gegenpol zur zeitgleichen, die funktionalistische Architektur begründenden Turbinenfabrik von Peter Behrens in Berlin.

Riemerschmid entwarf für das **Kleinhausviertel** (Abb. 3) verschieden große „Typenhäuser", die er meist gruppenartig zu abwechslungsreichen Raumeindrücken kombinierte und mit wechselnden Architekturdetails wie Vordächern, Mauern und Zwischenbauten belebte. Es entstanden vorwiegend Reihen mit rückliegenden Gärten, die durch größere Häuser mit versetzten Dächern akzentuiert wurden und somit malerisch geschwungene Straßenzüge mit reizvollen Durchblicken und Staffelungen erlauben. Die städtischer anmutenden Häuser „Am Markt" sind lediglich eine größere Variante der Kleinhäuser, die Riemerschmid mit wenigen repräsentativen Elementen

wie Voluten und Giebeln aufwertete. Die Häuser waren funktional und technisch zeitgemäß mit Wasserklosett, eigener Waschküche u. Ä. ausgestattet, aber in Grundfläche und Ausstattung auf das Notwendigste minimiert, um den finanziellen Aufwand und damit die Mietpreise gering zu halten. Zeitgenossen lobten v. a. ihre harmonische und wohnliche Gestaltung als Inbegriff der deutschen Städtebaureform.

Den schlichten **Landhäuser**n Riemerschmids (Abb. 4), die auf beispielhafte Weise den Hellerauer Reformgeist verkörpern, fehlt der sonst übliche repräsentative Auftritt. Wie die Kleinhäuser greifen sie formal auf ländliche Vorbilder vom Beginn des 19. Jahrhunderts zurück: die Gesamtform mit hohem Kubus und steilem Krüppelwalmdach ist lokalen Bauernhausformen entlehnt. Entsprechend baute sie Riemerschmid sowohl im Kleinhausviertel, wo sie als Typen V und VI einzeln stehend oder als Reihenabschluss harmonische Akzente setzen, als auch im Landhausviertel. Fast identisch gestaltet, wird ihre soziale Gliederung hier gleichwohl durch erweiterte Grundmaße, eine zusätzliche offene Veranda mit Balkon und die zunehmende Differenzierung der Wohnräume deutlich. Dabei wird auch bei den großen Häusern fast völlig auf applizierte Schmuckformen verzichtet. Sie wirken durch ihre Proportionen und die Anordnung von Hauselementen selbst (z. B. fassen offene Fensterläden die Fenster horizontal zusammen), im Kleinhausviertel auch durch ihre städtebauliche Stellung als trauf- oder giebelständige Einzelhäuser, Kopfbauten, freistehende Doppelhäuser oder durch ihre durch Torhäuser oder Bruchsteinumfriedungen verknüpfte Anordnung zu Reihen.

Riemerschmids Hellerauer Reformarchitektur greift auf vorindustrielle und vorhistoristische Vorbilder zurück, die in der zeitgenössischen Architektur häufig publiziert wurden (siehe Paul Mebes und Paul Schultze-Naumburg). Deren handwerkliche Entstehung und ihr häufiges Vorkommen sah Riemerschmid als Garant für ihre Gebrauchsfähigkeit und die Beliebtheit ihrer Form: als Essenz aus den langen und vielfältigen Bemühungen des Hausbaus verkörperten sie für ihn einen „langsam aus Bedürfnissen und Verhältnissen heraus" natürlich entwickelten Grundtyp, den er durch das „liebevolle Behandeln der Einzelformen" (Dächer, Vorbauten ...) gestalterisch verfeinerte, mit bürgerlichen Raumprogrammen kombinierte und nach (städtebau-)künstlerischen Gesetzen variierte. Riemerschmids Architektur wollte malerisch gestaltete, kleinbürgerliche und ländliche Ideale evozieren und wiederbeleben und damit auf eine Gesundung der Gesellschaft zielen.

Abb. 5 Werkmeisterhaus, Beim Gräbchen 4

Hermann Muthesius

Hermann Muthesius, der sich u. a. als Gründungs- und Vorstandsmitglied des Deutschen Werkbundes in der Kunstgewerbe- und Reformbewegung engagierte, war hauptsächlich von der **englischen** städtebaulichen und architektonischen **Reformkultur** beeinflusst worden, die er als Attaché für Bauwesen an der deutschen Botschaft in London 1896 bis 1903 verinnerlicht hatte. In Deutschland setzte er sich für deren Verbreitung als Vorbild für eine Erneuerung der Lebens-, Wohn- und Architekturformen ein: einerseits durch Publikationen wie „Das englische Haus", das in drei Bänden 1904/05 erschien, andererseits durch seine eng an das englische Vorbild angelehnte Architektur: Er entwickelte aus den individuellen und funktionalen Bedürfnissen heraus freie Grundrisse und setzte sie – für damalige Verhältnisse – sachlich und bodenständig-einfach in Anlehnung an regional ländliche und eben englische Reformvorbilder mit strukturell, aber nicht beliebiger Vielgliedrigkeit und spannungsvollen Asymmetrien um. Die Gebäude (Abb. 5) verzichten dabei zugunsten individueller Bedürfnisse auf die üblichen großbürgerlichen Raumprogramme. Die aus der herrschaftlichen Architektur abgeleiteten repräsentativen Gestaltungselemente traten in den Hintergrund, Muthesius wandelte sie in freiere und für die Reformarchitektur typische, reduzierte Ornamentik ab, die nichtsdestotrotz einen stattlichen Charakter aufrecht erhält.

Abb. 6: Reihenhäuser, Beim Gräbchen 6–16

In Hellerau bebaute Muthesius mehrere Straßenzüge im Norden des Kleinhausviertels mit unterschiedlichen Haustypen und errichtete verschiedene Landhäuser. Die **Kleinhäuser** (Abb. 6) fasste er wie Rie-

Links:
Abb. 7
Doppelhaus Horneffer/Bienert, Auf dem Sand 13/15

Rechts:
Abb. 8
Reihenhäuser, Am Schänkenberg 1–15

merschmid zu Reihen zusammen, die aber einheitlicher gestaltet sind und ihre Abwechslung meist nur aus einem regelmäßigen Wechsel von Trauf- und Giebelständigkeit der Satteldächer erhalten. Stattdessen stattete er sie mit bürgerlichen Architekturelementen aus, um ein stattlicheres, städtischeres Auftreten zu erreichen: ein auffälliges, grob profiliertes Gurtgesims setzt das Obergeschoss vom unteren ab, die Giebel werden durch einen weißen Balkenrahmen betont. Die Doppelhäuser für Werkmeister sind mit ihrer aufwendigen bauplastischen Gliederung eine Ausnahme im Kleinhausviertel und verweisen auf die soziale Hierarchisierung auch innerhalb dieses Bereiches. Muthesius' gestalterische Freiheit wird in der Anlage der Reihenhäuser „An der Winkelwiese" deutlich, die er ähnlich wie Tessenow „Am Schänkenberg" aus der Straßenflucht zurücksetzte und die Gärten davor legte, um einen offenen, grünen Raum einzuschließen.

Das Haus für die Rhythmik-Pädagogin Nina Gorter im **Landhausviertel** (siehe Abb. 7, S. 61 im Katalog), später vom Verleger Jakob Hegner bewohnt, verbindet den individuellen, verkleinerten großbürgerlichen Grundriss, die funktionale Ausrichtung (Öffnung zum Garten, Geschlossenheit zur Straße) und die originelle asymmetrische Gestaltung der englischen Tradition mit dem regelmäßigen Walmdach und der symmetrischen Straßenfassade biedermeierlich-bürgerlicher Vorbilder. Dabei konnte Muthesius den Widerspruch zwischen der deutschen und der englischen Form nicht in einen einigenden Zusammenhang führen, was von Julius Posener als „grotesk" kritisiert wurde. Das dahinterliegende, vertikal geteilte Doppelhaus Horneffer/Bienert (Abb. 7) dagegen weist eine streng symmetrische Gliederung auf. Es wird von einem Dach mit breitem abschließendem Schornstein und eingeschriebenem Dreieck als Gaubendach dominiert und zusammengefasst, welches die darunterliegenden beiden Stockwerke nicht „erdrückt". Letztere werden durch verschiedene, symmetrisch angeordnete Fensterformen und ein Vordach gegliedert und durch mehrere stufenartige Gurtgesimse voneinander abgesetzt und verleihen dem Haus allein aus den Proportionen heraus größere Repräsentativität und fast physiognomische Proportionen. Hier wird die eigenständige Formensprache Muthesius' besonders deutlich, der auf zeitgemäße Schmuck- und Gestaltungselemente völlig verzichtete und aus kontrastierenden Formen ein charakteristisches Ganzes zu formen verstand.

Muthesius orientierte sich wie Riemerschmid an ländlichen bürgerlichen Vorbildern, die er mit dem englischen Ansatz flexiblerer Wohnungsbaumodelle mit additivem Grundriss und struktureller Vielgliedrigkeit zu verbinden suchte. Er verzichtete aber nicht auf einen gewissen repräsentativen Anspruch, den er mit den Gestaltungsmitteln nichtrepräsentativer Vorbilder herzustellen verstand.

Heinrich Tessenow

Auch Heinrich Tessenow, der sich schon bald nach seinem Architekturstudium an der TH München 1900/01 systematisch mit dem sonst als architektonische Aufgabe oft vernachlässigten Arbeiterwohnungsbau beschäftigte, suchte sich Vorbilder für eine zeitgemäße Variante in vorindustriellen Wohnformen, lehnte jedoch im Unterschied zu Muthesius bürgerliche Normen ab. Ihm ging es vielmehr um die Suche nach dem **Urtyp des Hauses**, weshalb er seine Architektur immer weiter auf glatte Flächen und geometrische Grundformen reduzierte. Damit näherte er sich dem Rationalismus und übte Einfluss auf Protagonisten des Neuen Bauens wie Le Corbusier und Bruno Taut, der ihn 1927 publizistisch als „Vorreiter der Wohnhausbaureform" und praktisch in seiner Magdeburger Siedlung „Reform" zitierte. Aber Tessenow war im Gegensatz zu diesen ein Traditionalist, der durch die äußerste Reduzierung der bürgerlichen Vorbilder nach Zweckmäßigkeit und architektonischer Urform suchte. Damit knüpfte er wie seine Kollegen Riemerschmid und Muthesius in Hellerau an die Einfachheit und Bodenständigkeit der Reformarchitektur an, ging aber einen viel weiteren und konsequenteren Weg als diese. Typisch für den umfassenden Wirkungsanspruch der Reformzeit ging es ihm auch um neue Gesellschaftsmodelle: 1918 gründete er in Hellerau eine „Handwerkergemeinde", die das urbane Konzept Helleraus als „Keimzelle einer neuen Kleinstadt" mit dem Ziel der Gesellschaftsreformierung im Sinne historischer Lebens- und Arbeitsformen über das ursprüngliche Ziel hinaus beleben sollte. Die Orientierung am ländlichen Leben entsprach dabei eher einem Lebenskonzept als nur dem formalen Aspekt als Hilfsmittel zur Selbstversorgung. Nach dem Scheitern des Projektes verließ Tessenow Hellerau schon 1920 wieder. Aber er hinterließ der „Gartenstadt" verschiedene Kleinhaustypen, mehrere Landhäuser und das Festspielhaus, die auch heute noch viel zu deren architektonischer Qualität beitragen.

Für die **Kleinhäuser** entwickelte Tessenow insgesamt fünf Typengruppen: In den Typen 1 und 2 (Abb. 8) variierte er die Reihung gestalterisch auf ein Minimum reduzierter traufständiger Häuser, die er (wie Riemerschmid „Am Markt") durch giebelständige gliederte oder abschloss. Ihre Wirkung entsteht einzig aus den Proportionen der Häuser und aus dem Rhythmus ihrer Reihung, der Haustüren und der Fallrohre. Tessenow belebte diese Abfolge durch die ihm eigene „versteckte Symmetrie" (seitenverkehrtes Haus, vertikal geteilte giebelständige Zweifamilienhäuser), die ein anspruchsvolles Spiel mit den ausgeklügelten Proportionsschlüsseln treibt. Aus Funktionsgründen richtete er die Gärten der Häuser nach Süden und legte im Norden nur kleine Wirtschaftshöfe an. Damit löste er – ähnlich wie Muthesius „An der Winkelwiese" – den sonst genau definierten Straßenrand in eine Gartenlandschaft mit Häusern im Hintergrund auf.

Die Typen 4 und 5 (Einfamilien- und Doppelhäuser, Abb. 9) gestaltete er auf dem Rastermaß seiner 1908 patentierten Tessenow-Wand (nichttragende vertikale Bretter, dazwischen stützend hochgemauerte Ziegel, für die Luftzirkulation doppelschalig angeordnet). Wie bei den Reihenhäusern gibt es keinerlei Verzierungen, allein die Proportionen, die Tessenow in zahlreichen Studien erarbeitete, bestimmen die Ästhetik. Einfache und regelmäßige geometrische Grundformen werden durch die Flächigkeit glatter Wände mit mauerbündigen Fenstern betont. Im Gegensatz zur über ein Jahrzehnt später folgenden klassischen Moderne suchte er damit aber Grundbedürfnisse und -werte als universale psychische Konstanten deutlich zu machen: die breitgelagerten Häuser mit großflächigen Dächern – eindeutig von seiner norddeutschen Heimat beeinflusst – sollen Wohnlichkeit, Bodenständigkeit, Ordnung und Bürgerstolz verkörpern. Während der Zeitgenosse Karl Scheffler folgerichtig von der „richtig klingenden, rhythmisch zwingenden Architektur, die von dem Maße [...] und den Proportionen bestimmt wird" schwärmte, wurden die Mieter von dem „puritanischen Charakter" mit „Arme-Leute-Geruch" abgeschreckt und zogen „die sich freundlicher gebenden, aus guten Augen in die Welt blickenden Reihenhäuser Riemerschmids den kahlen Schöpfungen Tessenows vor" (Erich Haenel).

Die genannten Prinzipien wendete Tessenow auch auf seine **Landhäuser** an. Das bekannteste Beispiel ist das Doppelhaus Dohrn/Paquet (Abb. 10), dessen Kubatur sich am „Urhaus der deutschen Kultur" (Paul Mebes und Paul Schultze-Naumburg), dem Goetheschen Gartenhaus in Weimar orientiert und damit direkt Werte des bürgerlichen Lebens um 1800 wie Kunst, Ethik und Bildung transponiert. Trotz der hier verwendeten ausgefeilten Proportionsschlüssels und der ornamentlosen, strengen Gestaltung (Kubus und einfaches Walmdach im Verhältnis 1:1, betonte Flächigkeit der Wand als Gestaltungselement) hielt Tessenow Kunst für nicht erzwingbar, sondern „selbstverständlich" oder „nicht kommend" und hoffte auf die didaktische Wirkung dieser „natürlichen", auf „armselige Vielfalt" verzichtenden Architektur auf seine Zeitgenossen. Damit grenzte er sich auch vom – seiner Meinung nach – „krampfhaften Kunstwollen" anderer Reformarchitekten ab.

Der Bau der Bildungsanstalt für den Rhythmiker Emile Jaques-Dalcroze, bekannt geworden als „**Festspielhaus**" (Abb. 11), war eine besondere Herausforderung, da Dalcroze in seinen ganzheitlichen Reformanspruch durch die Rhythmik explizit auch die Architektur einbezog. Tessenow gelang eine Synthese aus seinen „Urtypen" und den als Bühnenbilder für die Rhythmik von Adolph Appia entworfenen „espaces rhythmiques": Der reduzierte Säulenportikus eines antiken Tempels wird von zwei traufständigen Seitenflügeln flankiert, die sich um Innenhöfe herum

*Abb. 9
Einzelhaus, Am Schänkenberg 23, Aufnahme 1911*

*Abb. 10:
Doppelhaus Dohrn/Paquet, Heideweg 24/26*

zur gleichartigen Rückfassade schließen. Die streng symmetrische Anlage wird durch eine Reihe pavillonartiger, durch Pergolen verbundener Nebengebäude (Pensionshäuser) eingefasst, die den monumentalen Maßstab der Gesamtanlage zur Geltung bringen und Tessenows Spiel mit den Dimensionen und Proportionen illustrieren. Wieder sind die auf geometrische Grundformen reduzierten Bauteile durch gelungene Proportionen vereint und ergeben ein „rhythmisches Erlebnis ... der schönsten Verhältnisse der Massen und der inneren Plastik" (Karl Scheffler) in einer „Synthese aus antiker Größe und moderner Baugesinnung" (Karl Bellmann). Die Bedeutung des Baus wird durch den kathedralenartigen Aufbau und die Abstraktion der griechischen Tempelfront in die Nähe sakraler Architektur gerückt.

Konsequent wurde der **Innenraum** für die Zwecke der Rhythmik neuartig gestaltet: Der große freie Quader ohne Bühne und Vorhang war rückwärtig zum Garten zu öffnen und verfügte über amphitheatralisch ansteigende Tribünen ohne jegliche Trennung von Zuschauern und Darstellern, der unterirdische Orchestergraben war völlig abdeckbar. Der gesamte Saal war als „einziger Beleuchtungskörper" mit zwei Lagen gewachsten Tuches ausgekleidet, zwischen die zahlreiche Glühbirnen mit regelbarer Helligkeit montiert waren. Der Maler und Lichttechniker Alexander von Salzmann erreichte so ein „freischwebendes und bewegliches Licht [...] von musikalischer Qualität" (Salzmann).

Das wegen seiner Monumentalität und Schlichtheit manchmal fälschlicherweise in die Nähe späterer nationalsozialistischer Architektur gerückte „Festspielhaus" ist symptomatisch für Tessenows Architektur, die wie die der anderen Hellerauer Reformarchitekten auf „Urformen" zurückgreift, dabei aber konsequenter als diese (ähnlich wie Adolf Loos in Wien) auf Schmuckelemente verzichtet und die künstlerische Wirkung aus dem Bau an sich, seinen Proportionen, Massen und Elementen entwickelt.

Abb. 11: Festspielhaus und Pensionshäuser, Karl-Liebknecht-Str. 5b

Fazit

Die Hellerauer Architektur spielte innerhalb der Reformarchitektur eine avantgardistische Rolle. Sie wurde nicht isoliert, sondern im Einklang mit gesellschaftlichen Reformkonzepten als ehrgeiziges Gesamtprojekt entwickelt. Die in Hellerau wirkenden Architekten vollzogen die ihrem gemeinsamen Reformgeist zu Grunde liegenden Prinzipien der Abkehr von Historismus, applizierter Ornamentik und von bürgerlicher Prätention auf ganz unterschiedliche Art und Weise, was ihrer eigenen Herkunft und den sie prägenden Einflüssen zuzuschreiben ist: Riemerschmid stand der deutschen volkstümlichen Tradition und deren architektonischer Prägung durch Theodor Fischer nahe; Hermann Muthesius hatte die stärksten Impulse aus der englischen Reformbewegung erfahren; Heinrich Tessenow – geprägt von seiner norddeutschen Heimat und eine Generation jünger als die beiden anderen – konnte bereits auf deren Errungenschaften aufbauen und sich radikaler als diese von den überkommenen Werten lösen. Trotzdem blieb er der Tradition verhaftet, von der sich erst die Architekten des Neuen Bauens und die Künstler der Moderne lösten.

In seiner Entstehungszeit war Hellerau ein herausragendes Exempel für die Verwirklichung eines ganzheitlichen Reformansatzes. Die Hellerauer Kleinhausbauten wurden als wegweisendes Beispiel und als Zusammenfassung der bisherigen sozialen und baukünstlerischen Reformen empfunden. Das schnelle Scheitern und die extremen politischen Wandlungen des letzten Jahrhunderts ließen Hellerau einerseits in Vergessenheit geraten und beförderten andererseits die Entwicklung vom Mythos der Gartenstadt. Nach dem Scheitern der Moderne und des sozialistischen Gesellschaftsmodells erscheinen seine bürgerlichen Reformansätze heute nicht mehr nur von historischer Bedeutung: „Als Beispiel einer humanen Fabrikarchitektur, einer organischen Stadtplanung und eines trotz größter Geldknappheit menschengerechten Wohnbaus ist Hellerau, gerade nach dem Scheitern des Siedlungsbaues der Nachkriegszeit, von größter Bedeutung." (Winfried Nerdinger)

Ulrich Hübner

Krematorium Dresden-Tolkewitz, Fritz Schumacher, 1909–11

„Wenn Kunst jemals die Aufgabe hat, dem Menschen etwas zu bedeuten, dann hat sie es in den Stunden des Schmerzes ... Kann Kunst auch keine Schmerzen lindern, so kann sie dem Leidenden doch unbewusst durch Form und Klang den Eindruck erwecken, dass es eine Harmonie gibt, die über den Zerissenheiten des Einzeldaseins steht" (Fritz Schumacher, 1939).
Mit dem Aufkommen der Leichenverbrennung in Europa – 1878 wurde in Gotha das erste deutsche Krematorium eröffnet – entstand eine in Theorie und praktischer Ausführung völlig neue **Bauaufgabe**. Da die Feuerbestattung noch bis weit ins 20. Jahrhundert hinein von ihren Befürwortern wie von ihren Gegnern meist als Gegenentwurf zur christlichen Erdbestattung (Ermöglichung der leiblichen Auferstehung) verstanden wurde, war eine Abgrenzung von kirchlichen Bauformen notwendig. Die Suche nach einem Bautyp begann, der sowohl funktional die für die Leichenverbrennung notwendige Technik aufnehmen als auch dem quasi-sakralen Charakter eines würdevollen Abschieds gerecht werden konnte. Zunächst bedienten sich die Baukünstler antiker Tempelformen und verschiedener anderer historistischer Lösungen, die jedoch ihre technische Funktion geradezu verleugneten und bald als unzeitgemäß kritisiert wurden. Erst in den 1920er Jahren fand eine Annäherung zwischen Feuerbestattern und protestantischer Kirche statt, die zur Verbreitung der Formen des modernen Kirchenbaus in der Krematoriumsarchitektur führte.
1909–11 gelang es Fritz Schumacher mit dem Krematorium Tolkewitz erstmalig, eine innovative und neuartige Umsetzung der Bauaufgabe zu finden, die den **feierlichen und den technischen Betrieb** organisch zu verbinden verstand (Abb. 1). Nach außen bildet der Hauptbaukörper eine in sich geschlossene, fast monolithisch wirkende Gesamtform. Anhand des Grundrisses wird jedoch die Trennung von Feierraum und Techniktrakt sehr wohl deutlich (Abb. 2). Während die Eingangsseite mit dem Zugang zur Parentationshalle Ruhe und Besinnlichkeit ausstrahlt und so zwischen Trauer und Trost zu vermitteln vermag, treten auf der anderen Seite die Schornsteine für die im Untergeschoss verborgenen Verbrennungsöfen nach außen als mächtige Doppelturmfassade in Erscheinung – wenn auch seit einem Umbau in den 1970er Jahren formal stark verändert. In der Bewältigung der unübersehbaren Schornsteine zeigte sich von Anfang an das Grundproblem der Baugattung. Schumacher versteckte sie weder ungeschickt noch ließ er sein Bauensemble von ihnen dominieren, sondern band sie ein und nutzte sie als Gestaltungsmittel: sie wiederholen die Gebäudekubatur im kleinen Maßstab.
Die Auffassung der Reformbaukunst innerhalb öffentlicher Großbauten zeigt sich besonders im ersten Jahrzehnt des 20. Jahrhunderts in der **Denkmalsarchitektur**, die weithin sichtbar als Marke in der Landschaft wahrgenommen werden und sich trotzdem aus der jeweiligen Umgebung entwickeln und harmonisch in diese einfügen sollte (Abb. 3). In dichtem Waldbestand inszenierte Schumacher sein Krematorium unter Berücksichtigung von Sichtachsen in Richtung der Elbhänge – besonders gut wahrzunehmen vom „Himmelsbusch" (Wachwitz), von dem aus der Komplex vollständig zu erschließen ist. Die deutliche Sichtbeziehung zur Elbe war für Schumacher Programm, zumal sich das Element der großen Wasserfläche an der Eingangsseite wiederholt und der Bau somit indirekt von Wasser umschlossen wird. Mit der bewussten Inszenierung des Wasserbeckens als Ruhepol, Rückspiegel und Schnittstelle zu einer ande-

Abb. 1 Krematorium Dresden-Tolkewitz, Hauptschauseite (Süden) mit Wasserbecken, Aufnahme 1941

Abb. 2: Krematorium Dresden-Tolkewitz, Grundriss

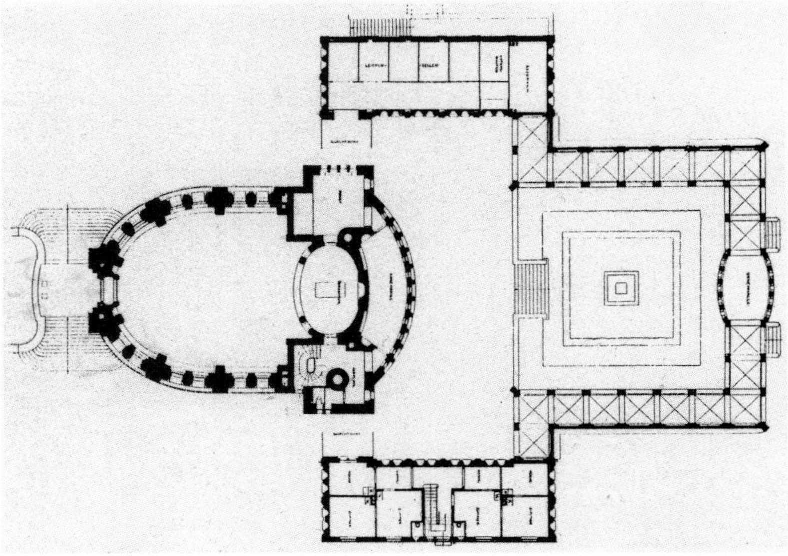

Abb. 3 Krematorium Dresden-Tolkewitz, Nordseite mit Urnenhof, Aufnahme um 1920

Abb. 4 Theoderichgrab in Ravenna

Abb. 5 Krematorium Dresden-Tolkewitz, Nordseite, Aufnahme um 1911

ren Sphäre – ikonographisch an die Toteninsel von Arnold Böcklin angelehnt, reflektierte Schumacher über die Erinnerungskultur. Die komplexe Gesamtwirkung evoziert mit entsprechendem Pathos den Gedanken des *memento mori*. Bei einem Friedhofsbau liegt die Assoziation einer als Denkmal aufgefassten Architekturform sicherlich besonders nah, verstärkt noch von den umgebenden Grabmälern. Ganz konkrete formale Ähnlichkeiten weist das Krematorium zu Wilhelm Kreis' Bismarcktürmen auf, deren gedrungene und massige Form in den beiden tempiettoartigen Schornsteinaufsätzen wiederkehrt. Ebenso lehnt es sich durch die monolithische Wirkung des Hauptbaukörpers und die ausgeprägte Flachkuppel ikonographisch eng an das Grabmal des Theoderich in Ravenna an, der als Gründer des Ostgotenreiches eine große Rolle in der deutschen Herkunftsmythologie spielte (Abb. 4).

Mit dem Denkmalscharakter eng verwoben ist der **Materialstil** (Abb. 5). Der Begriff leitet sich von der auffälligen Präsentation des Baumaterials sowie dessen Inszenierung ab: Der Kontrast von rustizierter Fläche und glatter Rundung, wie es elbseitig der wirkungsvolle Rahmen und die kollossale Apsis verdeutlichen, erzeugen einen skulpturalen Habitus und steigern die Wahrnehmung als Monument und Denkmal. Die unterschiedliche Patinierung des Sandsteins erweckt den Eindruck einer Mehrschaligkeit und verleiht dem Bauwerk einen organischen Charakter.

Im Gegensatz zur darauffolgenden Moderne brach die Reformarchitektur nicht mit Traditionen, sondern griff diese auf, beispielsweise in der bewussten **Beziehung** zur Umgebung oder zur Geschichte: Schumacher ignorierte das natürliche Umfeld nicht, sondern nahm es gestalterisch auf und versuchte, es erlebbar zu machen. So entwickelte er den Bau aus dem natürlichen Waldbestand heraus, ohne Bestehendes zu zerstören. Ebenso wurden Herkunft und Geschichte nicht verleugnet, sondern verdeutlicht in Anlehnungen an bekannte Bauformen, die entweder regional oder historisch eine besondere Rolle in der Selbstlegitimation spielten (Abb. 6). Hier sind es die romanisierenden Anklänge wie die additive Bauweise und der den Hof umschließende Kreuzgang, die einerseits Bezüge zur sakralen Architektur des Mittelalters knüpfen (ohne sie dabei unreflektiert zu adaptieren) und andererseits die klare und große Form verstärken.

Aber auch im Inneren ging Schumacher ganz neue Wege. Die Parentationshalle, terminologisch abgeleitet von den *„dies parentales"*, Tage an denen man der Eltern gedenkt, ist in den neuen Formen des **protestantischen Kirchenraumes** gestaltet, für den Schumacher bereits auf der Kunstgewerbeausstellung 1906 einen Prototyp geschaffen hatte: Nach dem Kongress für Protestantischen Kirchenbau 1894 wurde das Eisenacher Regulativ von 1861 aufgehoben, das eine Zweiteilung des Kirchenraumes gefordert hatte, um Chor- und Gemeinderaum deutlich voneinander zu trennen und die Gemeinde zu Zuschauern der liturgischen Handlung zu degradieren. Nun sollte die Einheit der Gemeinde im Gottesdienst durch das Verschmelzen der beiden Raumteile betont und durch die Gestaltung der gottesdienstlichen Funktionselemente Altar, Kanzel und Orgel in einem künstlerischen Motiv die Aufmerksamkeit auf *einen* Ort konzentriert werden.

Abb. 6 Krematorium Dresden-Tolkewitz, Urnenhof, Aufnahme um 1911

Eine weithin bekannte und sehr qualitätvolle Umsetzung dieser Reform ist im Innenraum der Christuskirche in Dresden-Strehlen zu finden (Schilling und Gräbner, 1903–05), auf die an anderer Stelle eingegangen wird. Die Auseinandersetzung Schumachers mit diesem liturgischen Thema zeigt abermals den umfassenden Anspruch der Reformbaukunst.

Das Krematorium in Dresden erfüllt die Forderung der Vereinigung Dresdner Künstler „Die Zunft" nach dem direkten Zusammenwirken verschiedener Künste und Künstler – ein Hauptcharakteristikum der Reformarchitektur: Während Schumacher die Architektur und das Raumprogramm schuf, zeichneten der Maler Otto Gußmann und der Bildhauer Georg Wrba für den inneren und äußeren Gebäudeschmuck verantwortlich. Alle drei Künstler waren nicht nur Mitglieder der „Zunft", sondern auch persönlich befreundet. Schumacher selbst betonte die Wichtigkeit künstlerischer Freundschaften für derartig komplexe Bauaufgaben. Er schrieb 1935, bezugnehmend auf das Krematorium in Dresden: „Der Architekt muss … nicht nur die Partitur schreiben, sondern zugleich die ganze Einstudierung des Werkes mit Orchester, Chören und Solisten besorgen. Denn es gibt für sein Schaffen keine Zwischenstufe, sondern nur die fertige Konzertvorführung. Wohl ihm, wenn er sich auf seine Solisten verlassen kann." Entsprechend versuchte Schumacher hier, dem Ideal der Vereinigung der Künste Architektur, Plastik, Malerei und Mosaik zu einem **Gesamtkunstwerk** nahe zu kommen, den individuellen Gestaltungswillen mit der theoretischen Auseinandersetzung mit der Bauaufgabe sowie die neuartige Raumform mit der malerischen und kunstgewerblichen Ausstattung zu verbinden.

Zweck des künstlerischen Zusammenwirkens war es in diesem Fall, einen **Raum** voller Feierlichkeit und Harmonie zu schaffen (Abb. 7): durch das kontrastierende Formenspiel zwischen dem hohen Triumphbogen und der Orgelempore, die mit horizontal betonter Brüstung aus der tiefen apsisartigen Nische heraustritt; durch den an die teppichartigen Fußböden mittelalterlicher Sakralbauten in Italien erinnernden Terrazzobelag. Die überdimensionalen Grundformen der Halle stehen den zahlreichen feingliedrigen Schmuckformen entgegen – ein Gegensatz, der dem Raum seine feierliche Atmosphäre verleiht und auf die Pole von Ohnmacht und Kreativität im menschlichen Dasein verweist. Zur Vielzahl künstlerischer **Details** zählten die zwölf heute nicht mehr vorhandenen Bleiglasfenster von Otto Gußmann, die die Höhe der Parentationshalle betonten. Ihre feingliedrigen Bildmotive waren eine Ergänzung zu den zahlreichen gegenständlichen und abstrakten Putzornamenten des Innenraumes, die bewusste Akzente setzen. Während die Kassettendecke über der Orgelempore an klassizistische Baukunst erinnert, befinden sich innerhalb der Kassetten die für reformorientierte Bauten typischen abstrakten Formen, die

Abb. 7 Krematorium Dresden-Tolkewitz, Parentationshalle, Aufnahme um 1911

Abb. 8 Krematorium Dresden-Tolkewitz, Nebenraum für Geistliche, Aufnahme um 1911

Abb. 9 Krematorium Dresden-Tolkewitz, Pfeilerskulptur, Die Lebensalter – Mannesalter mit Sohn

Abb. 10 Krematorium Hamburg-Ohlsdorf, Fritz Schumacher 1928-1933

wie reduzierte Barockornamente anmuten. Typische Reformstilgestaltung zeigen auch die geflochtenen Gitter der Heizungen, die Formen der Beleuchtungskörper sowie die Ausstattung der Nebenräume mit Schablonierungen und Reformmöbeln (Abb. 8). Daneben finden sich auch Jugendstil- oder von diesem beeinflusste Elemente wie z. B. die floralen Blumenranken an den Stützen der Empore. Zahlreiche andere Verzierungen, Schmuckplatten und Intarsienarbeiten aus kostbaren Materialien wie Bronze erheben den Raum zu einem Ort der Besinnlichkeit und des Gedenkens.

Die lebensgroßen **Pfeilerskulpturen** (Abb. 9) verkörpern die Lebensalter und sind ebenso wie die Skulpturen an der Außenhaut des Krematoriums kraftvoll und massiv aufgefasst. Ihre Statik spiegelt einerseits den Zeitgeschmack wider, andererseits unterstützt sie die Atmosphäre des Gedenkens und Innehaltens. Auch wenn einige der Figuren frei posieren und die Schönheit ihres Körpers präsentieren, fehlt ihnen die Leichtigkeit und Bewegtheit, um sie – wie oft geschehen – der Jugendstilskulptur zuzuordnen. Vielmehr entsprechen die Plastiken Wrbas im und am Krematorium in ihrer großen Form, ihrem tektonischen Bezug und dem archaischen Duktus dem Monumentalstil. Die kräftigen Körper sollen ein Menschenideal vermitteln, das im engen ideologischen Zusammenhang mit dem Erstarken des deutschen Reiches zu sehen ist. Sie sind beispielsweise zu vergleichen mit den kolosalen Figuren des 1913 eingeweihten Völkerschlachtdenkmals in Leipzig und den Skulpturen Selmar Werners am AOK-Hauptgebäude in Dresden.

Bemerkenswert sind die **Inhalte des Gebäudeschmucks**, die sich vor allem auf den Zweck der Feuerbestattung beziehen. Traditionelle Darstellungstypen zum Thema „Leben und Tod", stellen zumindest in Ansätzen Bezüge zur christlichen Ikonographie her, z. B. die Löwen beiderseits des Haupteingangs, die auf die Portalarchitektur romanischer Sakralbauten zurückgehen. Daneben stellt der Künstler bekannte Symbole der Feuerbestattung, wie beispielsweise die Relieftafel mit dem Feuervogel Phönix über dem Hauptportal. Das Gesicht des Schlafes auf dem Sturz des Eingangsportals verweist auf die Bruderschaft von Tod und Schlaf.

Das Krematorium in Dresden-Tolkewitz ist künstlerisch-formalästhetisch als eines der wichtigsten Bauwerke deutscher Reformbaukunst im Bereich öffentlicher Bauaufgaben zu würdigen. Es ist ein Meilenstein in der Auseinandersetzung mit Krematoriumsbau, Kirchenbaukunst und Reformstil. Schumachers zweites Krematorium in Hamburg-Ohlsdorf (1928–33, Abb. 10) in sachlich behandeltem Backstein zeigt, dass der Reformstil selbst für seine Protagonisten keine endgültige Lösung, sondern eine zeittypische Äußerung war. Sie stellte einen wichtigen Schritt in der Entwicklung der Architektur vom Historismus zur Baukunst des 20. Jahrhunderts, vor allem bezüglich der Vereinfachung der Formensprache, dar.

Gernot Klatte

Hans Erlwein (1872–1914) – Stadtbaurat in Dresden 1905–1914

Wie kein anderer Architekt im Dresden der Zeit zwischen der Jahrhundertwende und dem Beginn des Ersten Weltkrieges hatte Hans Erlwein durch seine Position als Stadtbaurat die Möglichkeit, durch große Bauprojekte die Architektur und Stadtlandschaft zu prägen.

Johann Jakob Erlwein wurde am 13. 6. 1872 bei Bad Reichenhall geboren. Er entstammte einem kleinbürgerlichen Elternhaus, der Vater betrieb einen Gasthof. Nach dem Besuch von Volks-, Real- und Industrieschule (Erlwein besaß nie das Abitur) studierte er ab 1893 in München an der Technischen Hochschule Architektur. Wahrscheinlich legte er nie die Diplomprüfung ab, sondern verließ nach drei Jahren 1896 das Institut. Nach einigen Jahren der Berufs- und Zielsuche – er unternahm eine Reise nach Italien, war bei der Bayrischen Staatseisenbahn und einige Zeit als Bauassessor in Amberg tätig – wurde der ehrgeizige Architekt 1898 zum Stadtbaurat von Bamberg berufen – eine erstaunliche Entwicklung für den Mann ohne Hochschulabschluss! In Bamberg verwirklichte er mit seinen kommunalen Bauten, wie einer Schule, einem Elektrizitätswerk und einem Krankenhaus, in der fränkischen Provinz Bauaufgaben der modernen Stadt, die ihn auf die spätere Tätigkeit in Dresden gut vorbereiteten. In dieser Zeit, in der Erlwein vergeblich in Karlsruhe zu promovieren versuchte, kam es in Bamberg (1904) zu juristischen Streitigkeiten, die u. a. seine ungenügende wissenschaftliche Qualifikation betrafen. Gleichzeitig bewarb sich Erlwein für das Amt des Leiters des Hochbauamtes in Dresden, wo er nach einigem Hin und Her auch am 17. 11. 1904 gewählt wurde. Am 1. Januar 1905 – mit 32 Jahren – trat Erlwein sein neues Amt in der sächsischen Hauptstadt an. Er übte es bis zu seinem Tod am 9. Oktober 1914 (er kam durch einen Autounfall bei einer Fahrt zur Front in den Ardennen ums Leben) aus.

Ausschlaggebend für Erlweins Berufung war offensichtlich weniger seine (unvollständige) wissenschaftliche Ausbildung, vielmehr sein Organisationstalent, sein Durchsetzungsvermögen und die Qualität der Architektur, die er in Bamberg verwirklicht hatte. Vielleicht spielte auch der gute Ruf von Erlweins Münchner Hochschule eine Rolle: Gabriel von Seidl und Friedrich von Thiersch waren unter der Architektenschaft klangvolle Namen.

Dr. Gustav Otto Beutler, Oberbürgermeister von 1895 bis 1915, führte Dresden in das zwanzigste Jahrhundert und wollte es zu einer modernen Großstadt machen. Mit großem Verständnis für architektonische und städtebauliche Fragen unterstützte er den neuen Stadtbaurat Erlwein – nach anfänglicher Skepsis.

Es würde zu weit führen, an dieser Stelle einen vollständigen Überblick über das **Dresdner Schaffen** Hans Erlweins zu bringen; einige ausgewählte Beispiele sollen genügen. Das Werk erstreckte sich über alle Bereiche öffentlicher städtischer Bauaufgaben: Schulen, Feuerwachen, Wasser- und Klärwerke, ein Gaswerk, ein kommunaler Schlachthof, Stadthäuser, Sparkassengebäude, ein städtischer Speicher, Kleinarchitekturen wie Wartehäuschen und Bedürfnisanstalten, Brunnenanlagen, Innengestaltungen städtischer Repräsentationsgebäude, städtische Wohngebäude, Ausstellungsarchitektur und temporäre Festarchitekturen. Diese Leistung in knapp zehn Jahren ist nur verständlich, weil auch damals schon der Stadtbaurat Leiter eines Mitarbeiter- und Beamtenapparates war, der aus ausgebildeten Architekten, Ingenieuren und technischen Zeichnern bestand.

Als **Stadtbaurat** konnte Erlwein auf kompetente Mitarbeiter der Planungsbehörde zurückgreifen, die für ihn u. a. auch die Entwurfszeichnungen (Grund- und Aufrisse) erstellten, wie z. B. Stadtbauamtmann Hirschmann und Stadtbauinspektor Flechsel, oder wie Fritz Beckert, der Ansichtszeichnungen und -aquarelle mit hohem künstlerischem Anspruch anfertigte. Von Erlweins eigener Hand sind praktisch keine Entwürfe bekannt. Man muss aber davon ausgehen, dass der Stadtbaurat die Entwicklung der Planungen der einzelnen Projekte nicht nur überwacht und mit seiner Unterschrift bestätigt hat, sondern auch in künstlerischer Hinsicht die bestimmende Kraft gewesen ist.

Entscheidend für die weitere Entwicklung der Dresdner Architektur war die von Erlwein initiierte Gründung der **Künstlervereinigung „Die Zunft"** im Jahr 1906. Zu den Mitgliedern, die sich einmal wöchentlich im von Lossow & Viehweger errichteten Viktoriahaus und später im Ratskeller trafen, zählten aber nicht nur Architekten wie Erlwein, Fritz Schumacher, William Lossow und Rudolf Schilling, sondern auch Bildhauer wie Karl Groß und Innengestalter und Maler wie Otto Gußmann. Durch diese konzeptionelle Möglichkeit des Gesamtkunstwerkes wurde bei Entwurf und Ausführung der Gebäude ein Zusammenspiel dieser Kunstzweige ermöglicht, die erst zu der hohen Qualität und Geschlossenheit der Architektur in Dresden um 1910 führte, wie sie beispielgebend für Deutschland gewesen ist. Erlwein hat insbesondere die Bildhauer Georg Wrba und Karl Groß – beide Mitglieder der „Zunft" – und den Dekorationsmaler Paul Perks mit der dekorativen Ausgestaltung seiner Bauten betraut. Er war Gründungsmitglied und bis 1908 der erste Vorsitzende der „Zunft"; nach einem unschönen Streit mit ehemaligen Vereinsmitgliedern, bei dem es um angebliche Bevorzugung von „Zünftlern" bei der Vergabe von öffentlichen Aufträgen ging, trat Erlwein von diesem Posten zurück.

Architektur

Ein früher Bau Erlweins in Dresden ist die **Feuerwache Striesen** (Abb. 1) in der Schlüterstraße (1906–07). Nach modernsten verkehrstechnischen Gesichtspunkten errichtet, zeigt der Baukörper eine große Vielgestaltigkeit bei völligem Verzicht auf historisierende Formen: eine lebhafte Dachlandschaft (Walm- und Krüppelwalmdächer, Fledermausgauben, Dachreiter und verdachte Schornsteine), ungegliederte Mauerflächen, verschiedene Fensterformen, angesetzte Nebenbauten, Vor- und Rücksprünge von Baumassen. Zeitgenössische Fotos zeigen das malerische Gebäude in weiter, unbebauter Landschaft, geradezu skulptural anmutend. Eine völlig andere Auffassung weist die in der Äußeren Neustadt errichtete **Feuerwache Louisenstraße** (1913–16, Abb. 2) auf: in den Straßenzug eingepasste, aber monumentalisierende Risalite mit über vier Stockwerke gezogenen Lisenen, abgeschlossen von Dreiecksgiebeln, zeigen einen reduzierten Klassizismus mit ausgesprochen strenger Note.

Abb. 1 Feuerwache Striesen, Aufnahme um 1907

Abb. 2 Feuerwache Louisenstraße, Aufnahme um 1916

Das größte Projekt, das Erlwein verwirklichen konnte, war der Komplex des neuen **Städtischen Vieh- und Schlachthofes** (Abb. 3) auf der Ostra-Halbinsel, der nach fünfjähriger Planungs- und Bauphase am 19. August 1910 eingeweiht wurde (a.Q. 1911 bzw. 19. April 1910).

Unter Mitarbeit einer Vielzahl von Ingenieuren, Statikern, Veterinärexperten sowie Künstlern wie Georg Wrba (Bauplastik) und Paul Perks (Decken- und Wandmalereien) entstand eine der modernsten Schlachthofanlagen Europas. Sie entsprach den neuesten technischen, tiermedizinischen und verkehrstechnischen Standards. Der Schlachthof besaß neben dem Eisenbahnanschluss zum An- und Abtransport eine eigene Schmalspurbahn zum innerbetrieblichen Transport des Viehs bzw. der Fleischprodukte. Eine eigene Kläranlage, eigene Energieerzeugung (Heizkraftwerk mit angeschlossenem Maschinenhaus, Dynamos zur Stromerzeugung), eigene Wasserversorgung etc. gehörten zur Ausstattung der auf der riesigen Fläche des in der nördlichen Friedrichstadt gelegenen Ostrageheges und einer eigens aufgeschütteten Insel angelegten großzügigen Schlachthofanlage. Anders als die meisten Schlachthöfe der Zeit diente sie gleichzeitig als Viehmarkt, d. h. es wurden riesige Stallungen angelegt, die Rinder, Schweine, Pferde, Schafe, Ziegen usw. für mehrere Tage aufnehmen konnten. Die größten Bauten waren die Stallungen und Schlachthäuser für Großvieh (Rinder) und für Schweine. Natürlich wurden auch ein großes Kühlhaus sowie eine Talgschmelze und ein Veterinärschlachthof errichtet. Zum Komplex gehörten außerdem an zentraler Stelle ein Hotel mit Gastwirtschaft, dazu Verwaltungsgebäude, Läden und Wohnungen.

In den 1920er Jahren wurde der Schlachthof durch Stadtbaurat Paul Wolf erweitert; Erlwein hatte vorausschauend große Flächen innerhalb des Komplexes für Erweiterungsbauten freigehalten.

Der Komplex weist eine weitgehend einheitliche Gestaltung auf: helle Putzbauten mit tief gezogenen roten Ziegeldächern als Walm oder Krüppelwalm. Der gestalterische Höhepunkt der „kleinen Stadt" (Erlwein) ist die Platzanlage mit Hotel und Gastwirtschaft (Abb. 4), Pförtnerhaus sowie Verwaltungsgebäude. Diese repräsentativen Gebäude wurden aufwendig ausgeführt: eine Dachlandschaft mit Mansard- und Walmdächern, Giebeln, Gauben, Schornsteinen und Lüftungsaufsätzen schafft eine malerische Wirkung; sparsam eingesetzter plastischer Bauschmuck ergänzt diese noch.

Die städtebauliche Dominante bildete das als Kuppelgebäude „getarnte" hohe Kessel- und Maschinenhaus (Abb. 5). Hier wie bei den riesigen Stallanlagen und Schlachthäusern wurde auf Bauschmuck völlig verzichtet. Die Gebäude wirken durch ihre Baumassen und die Gliederung der Wandflächen mittels Putzrahmungen, vor allem aber durch die tief nach unten gezogenen massigen Dächer, die im Giebelbereich als Krüppelwalm ausgebildet sind (Abb. 6).

Das Innere der Schlachthallen (Abb. 7) ist funktional und schmucklos, die Beleuchtung erfolgt durch Dachfenster.

*Links oben:
Abb. 3
Städtischer Vieh- und Schlachthof, Luftbild um 1930*

*Links Mitte:
Abb. 4
Städtischer Vieh- und Schlachthof – Schlachthofhotel, Aufnahme um 1911*

*Links unten:
Abb. 5
Städtischer Vieh- und Schlachthof – Kessel- und Maschinenhaus, Aufnahme um 1911*

*Rechts oben:
Abb. 6
Städtischer Vieh- und Schlachthof – Futterstall für Großvieh, Aufnahme um 1911*

*Rechts unten:
Abb. 7
Städtischer Vieh- und Schlachthof – Inneres einer Schlachthalle, Aufnahme um 1911*

Zu den repräsentativsten Bauaufgaben der Stadtbaubehörde gehörte das **Italienische Dörfchen** (1911–12, Abb. 8). Die Gaststätte mit Gartenlokal wurde im Zuge einer Neugestaltung der Nordseite des Theaterplatzes errichtet, als würdiger Abschluss des um den Platz gruppierten Ensembles Hoftheater, Gemäldegalerie und Hofkirche zur Elbe hin. Nachdem das Helbigsche Restaurant schon 1904 abgerissen worden war (für die Neugestaltung der Uferstraße und den Neubau der Augustusbrücke), und ein Wettbewerb zum Theaterplatz keine Ergebnisse gebracht hatte, wurde Erlwein beauftragt, den Platz im Norden abzuschließen. Das Problem, ein repräsentatives Gebäude an diese Stelle zu setzen, ohne die Baumassen von Hofkirche und Oper zu beeinträchtigen (besonders in Blickrichtung von der Brücke her), löste Erlwein hervorragend. Der neunachsige, flach gehaltene Hauptbau mit Attikageschoss und Walmdach ist gekennzeichnet durch seine elegant unterteilten großen Rundbogenfenster des Erdgeschosses, zwischen denen kannelierte ionische Pilaster eingestellt sind. Der Mittelteil des Gebäudes wird auf Elb- und Landseite von einem Risalit mit Dreiecksgiebel gebildet. Der Portikus auf der Platzseite, wiederum mit ionischen Säulen, die einen Balkon tragen (auf der Elbseite ist ebenfalls ein Balkonvorbau angesetzt, allerdings fünfachsig), bringt Plastizität in die eher kubisch-flächige Grundform. An den Hauptbau angefügt schließen westwärts ein schmaler Verbindungsbau und ein Pavillon die Anlage ab; beide sind nur einstöckig. Sie nehmen die Dachformen und Wand- und Fenstergestaltung des Hauptgebäudes

*Abb. 8
Italienisches Dörfchen, Aufnahme um 1920*

Links oben:
Abb. 9
Stadthaus Johannstadt – Hauptfassade, Aufnahme um 1914

Links unten:
Abb. 10
Stadthaus Johannstadt – Hofansicht, Aufnahme um 1914

Rechts:
Abb. 11
Stadthaus Johannstadt – Portal der Hauptfassade, Aufnahme um 1914

auf. Den plastischen Schmuck (Figuren im Giebel, Köpfe als Bekrönung der Fenster, Zwickelskulpturen) schuf Georg Wrba.

Das 1914 vollendete **Stadthaus Johannstadt** (Abb. 9) beinhaltete städtische Behörden, eine Zweigstelle der Sparkasse und Läden im Erdgeschoss. Es dominiert den Güntzplatz, damals Eliasplatz.
Die streng symmetrische Hauptfront zeigt einen dreizonalen Aufbau. Die Sockelzone besteht aus Erdgeschoss – dieses in Bogenmotiven ausgeführt und im Mittelbereich durch einen risalitartigen Vorbau betont – und 1. Obergeschoss, zusammengefasst durch eine Sandsteinverkleidung. Darüber folgen über einem Gesims zwei weitere, verputzte Geschosse (das 2. Obergeschoss mit flachen, bogenförmigen Fensternischen), und über dem Kranzgesims mit Zahnschnittfries die Dachzone: ein hohes Mansarddach mit drei Zwerchhäusern und zwei kleinen Fledermausgauben. Die Fenster erhielten Läden, was den sachlichen Gesamteindruck etwas ins Malerische umprägt. Diese malerische Ästhetik war im Hofbereich (Abb. 10) vorherrschend: unterschiedliche Höhen der Baukörper, Bogenarkaden, Gauben, Türmchen und verschiedene Fensterformen. Dabei verzichtete Erlwein großenteils auf Bauschmuck und vertraute auf das Wechselspiel der genannten Einzelformen.
Besonders reizvoll sind die subtil ausgearbeiteten und mit schmuckvollen Gittern im oberen Bereich versehenen Bögen des Erdgeschosses (Abb. 11). Sie sind konkav-konvex eingeschwungen und ihre Kanten wirken wie in die Wandfläche eingeschnitten.
Bei der 1997 abgeschlossenen Rekonstruktion als Hauptgebäude der Stadtsparkasse wurde nur das Äußere wiederhergestellt, auch dieses nicht völlig korrekt – die heute grünen Fensterläden waren ursprünglich weiß gestrichen, das Dach grauschwarz gedeckt. Die ursprüngliche vornehme Innenausstattung ist leider nicht erhalten.

Die elf **Schulbauten** Erlweins sind sehr vielgestaltig. Es dominieren, je nach Größe und Lage des jeweiligen Schulgebäudes, barocke oder klassizistische Formen, allerdings meist in reduzierter Art und durch den von Erlwein bevorzugten Lisenenstil ins Monumentale gezogen. Das **Pestalozzi-Gymnasium** (ehem. 29. Bezirksschule, 1913–15, Abb. 12) in Pieschen ist ein gutes Beispiel für diese Lisenenarchitektur. Erlwein erreicht eine plastische Gliederung der Fassaden und die Betonung der Vertikalen – die Lisenen sind monumentalisierend über drei Geschosse gezogen. Typisch für einige Erlweinbauten ist auch die an dieser Schule eingesetzte Zwischenverdachung unterhalb des Attikageschosses. Ein ausgesprochen klassizistisches Element bildet der halbkreisförmige „Tempel"-Eingang mit strengen dorischen Säulen (historisch korrekt ohne Basis).

Mit dem **Städtischen Speicher** (1913–14, Abb. 13) verwirklichte Erlwein einen Bau, der den Mangel an Lagerraum der Dresdener Industrie beheben sollte. Er wurde von der Stadt finanziert und fiel damit in das Ressort der städtischen Baubehörde. Neben den Speicher- und Lagergebäuden des späten 19. Jahrhunderts wurde der „Erlwein-Speicher" zu einem monumentalen, die Silhouette prägenden Bau. Der 76 m lange und fast 40 m hohe massige Körper dominiert diesen Abschnitt der Elbfront oberhalb der Ma-

Abb. 12
Pestalozzi-Gymnasium, Aufnahme 2005

Abb. 13
Städtischer Speicher, Aufnahme um 1914

rienbrücke. Der Speicher wurde in 15 Monaten in Stahlbetontechnik errichtet – er war damals der größte auf diese moderne und industrielle Weise erstellte Bau in Dresden. Die ab dem 5. Stock nach oben durch Einschnitte und Rücksprünge gegliederte und rhythmisierte Baumasse wird zudem durch Walm- und Krüppelwalmdächer abgeschlossen – so „verschleiert" der Architekt die Gebäudehöhe (10 Geschosse). Besonders auffällig ist die stufenartige Eckausbildung. Außerdem arbeitete Erlwein mit einem dachähnlichen Gesims oberhalb des 5. Geschosses. Außer dieser Gliederung und der Dachlandschaft ist das Gebäude völlig schmucklos (von den durch Pilaster gerahmten, fein strukturierten Türeinfassungen abgesehen); die Fenster sind ohne Rahmung oder Faschen in die ungegliederte Mauerfläche eingelassen. Erlwein schuf hier einen funktionalen, modernen Bau des Industriezeitalters ohne dekorative Verbrämung.

Ein vergleichbarer Bau des Industriezeitalters war der große **Gasometer** (1907–08, Abb. 14) des Gaswerkes in Reick. Neben die historistischen Gasspeicher (1878 von Theodor Friedrich) setzte Erlwein eine riesige Baumasse (die Höhe entspricht ungefähr dem Durchmesser), die weithin im Stadtbild sichtbar ist. Auf Bauschmuck oder architektonische Elemente wie Arkaden, Zinnen o. Ä. verzichtete er völlig. Der in Eisenbetontechnik ausgeführte Rundbau, den Erlwein mit dem Kolosseum oder der Engelsburg verglich, wird von einer flachen Kuppel abgeschlossen und von fünf pylonenartigen Türmen zur Versteifung des 110.000 m^3 Volumen fassenden Gasbehälters eingefasst. Diese wie die Wandflächen, die von Lisenen gegliedert sind, werden durch Fensteröffnungen durchbrochen.

Im Vergleich zu dem einige Jahre später errichteten Speicher wirkt der Gasometer in seiner Reduzierung auf geometrische Grundformen moderner. Allerdings scheint es erst während der Baumaßnahme zu dieser funktionalen Lösung gekommen zu sein. Die ursprünglich geplante Wand- und Turmgestaltung des Gasometers war weitaus konventioneller, wie der von Erlwein signierte Entwurf von 1906 zeigt (Abb. 15).
Ein noch monumentaleres Projekt von 1913, ein Gasspeicher an der Lößnitzstraße in der Neustadt, der wie ein massiger Hochhausturm wirken sollte, wurde nicht verwirklicht.

Stilistische Betrachtung

Erlweins **Formensprache** ist vom Jugendstil – sowohl der üppig-floralen Ausprägung als auch der geometrischeren Stilistik der Wiener Schule – praktisch unbeeinflusst gewesen. Seine Bamberger Bauten nehmen noch Einflüsse der sogenannten deutschen Renaissance auf und zitieren regional-dörfliche Barockelemente. Beispiele hierfür sind die Gestaltung der Giebel der Luitpoldschule (1899–1901) und die barockisierenden Pavillonbauten des Bamberger Schlachthofes (1903–04). Einige Dresdner Bauten gehen ebenfalls der barocken Tendenz nach, und zwar in einer wiederum regionalen Ausprägung mit monumentalisierender Lisenenarchitektur und Mansarddächern. Vorbild waren sicher die Palaisbauten Johann Christoph Knöffels aus den 1730er und 1740er Jahren sowie Bürgerhäuser des späten 18. Jahrhunderts. Beispiele dafür sind u. a. das 1945 zerstörte Stadthaus an der Kreuzkirche (1913), das ebenfalls zerstörte Beutlerhaus (1913–14) auf der Wilsdruffer Straße, aber auch einige Schulbauten wie die Studienanstalt für Mädchen, Weintraubenstraße 3 (1913–15).
Das Formenrepertoire Erlweins ist vielgestaltig und den Bauaufgaben angepasst: großflächige, undekorierte und funktional ausgerichtete Bauten für die Industrie (Speicher, Gasbehälter) einerseits, kleinteilige, fast behäbige und zum Teil liebevoll geschmückte Bauten im innerstädtischen Raum (z. B. Stadthaus Johannstadt) andererseits. Zudem ist seine Bezugnahme auf die regionale Bautradition unorthodox und flexibel: direkte Zitate tradierter Formen wurden von ihm fast nie verwendet.

Stilistische Elemente

– *Dachformen.* Erlwein arbeitete mit verschiedenen Dachformen (Walmdächer, Krüppelwalmdächer, Satteldächer, Mansarddächer) oftmals an einem Gebäude. Die so entstehenden fast malerischen Dachlandschaften sind typisch für seine Architektur. Sie lockern strenge kubische Grundformen auf (z. B. beim Speichergebäude). Sehr häufig verwendete Erlwein auch ein verdachtes Attikageschoss.
– *Gliederung von Fassaden* durch Lisenen und Pilastern, oftmals in kolossaler Ordnung, d. h. über zwei oder mehr Geschosse. Hiermit erreichte er eine einfache, manchmal monumentalisierende Wirkung. Lisenen und Pilaster (oft kanneliert) sind wichtige Elemente der klassizistischen Richtung der Reformarchitektur. Bei einigen Gebäuden (z. B. beim Vorbau des Gymnasiums Pestalozziplatz) verwendete Erlwein so-

Abb. 14 Gasometer Reick, Aufnahme um 1908

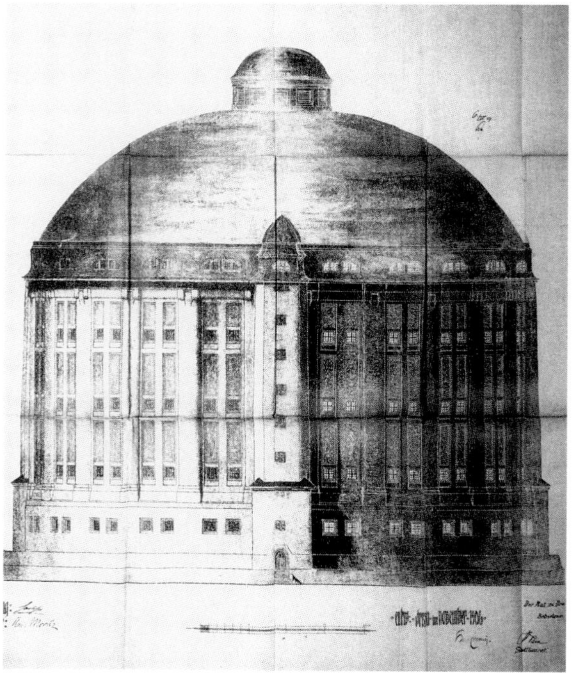

Abb. 15 Gasometer Reick, Entwurfszeichnung, 1906

Abb. 16 Kläranlage Kaditz, Inneres, Aufnahme um 1910

gar die dorische Säulenordung in exakter Ausbildung (ohne Basis, mit kannelierten Schäften).
– verschiedenartige *Tür- und Fensterformen* wie Rundbogenfenster, Hochrechteckfenster, eingebogte Rundbogenportale (z. B. Stadthaus Johannstadt), quadratische oder auch querrechteckige Fensterformen bei Industriebauten; bei Wohnbauten, Gaststätten u. Ä., vielfach Anbringung von Fensterläden
– subtile *Gestaltung von Wandflächen*: Kassettierung, flache Rundbogennischen, rauer Putz (sogenannter „Erlweinputz"), der aus der süddeutschen Tradition stammt
– *Schornsteine* oft pittoresk ausgebildet und mit dachförmigem Abschluss, zusätzliche Elemente wie *Dachreiter* unterstützen die malerische Note
– im Innern von industriellen Anlagen oft *Segmentbögen*, *Korbbögen* und sogar *parabolartige Bögen* wie bei der Kläranlage Kaditz (1910, Abb. 16) als Träger bzw. tragende Bauelemente
– *kubische und geometrische Großformen* bei industriellen Bauten.

Bei repräsentativen Bauten der Innenstadt (z.B. dem zerstörten Stadthaus an der Kreuzkirche, dem Italienischen Dörfchen, dem zerstörten Ausstellungsgebäude der Künstlervereinigung und bei einigen Schulbauten) griff Erlwein auf Formen des Frühklassizismus der zweiten Hälfte des 18. Jahrhunderts zurück, die Schlichtheit mit zurückhaltender Eleganz verbanden. Bei diesen Gebäuden kam auch der Bauschmuck im Außenbereich zum Tragen, wie z. B. Skulpturen und Reliefs in Bogenzwickeln, Fensterbekrönungen, Putzspiegel und Supraporten.
Bei diesen Bauten stand er der Strömung in der deutschen Architektur nahe, die sich die einfachen, zweckmäßigen und doch formschönen Schlösser, Herrenhäuser, Palais und Bürgerhäuser des späten 18. und frühen 19. Jahrhunderts (vom *Louis XVI.* bis zum Biedermeier) zum Vorbild nahmen. (Eine einflussreiche Publikation der Zeit war Paul Mebes' reich illustriertes Werk „Um 1800" mit unzähligen Fotos dieser Architekturen, die der Autor zum Vorbild für die Gegenwart erhob.)

Resümee

Die Bedeutung Erlweins für die Architektur und das Stadtbild Dresdens lässt sich gut vergleichen mit der Ludwig Hoffmanns als Stadtbaurat in Berlin (1896–1924) und Fritz Schumachers als Stadtbaurat in Hamburg (1909–1933). Jeder dieser Architekten im Dienst einer Großstadtkommune war mit ähnlichen Problemen und Aufgaben betraut und konnte sie – an die jeweilige Bautradition der Stadt anknüpfend – lösen: Schumacher als reformerisch orientierter Vertreter der hanseatischen Backsteinbauweise, Hoffmann für Berlin mit klassizistisch und am preußischen Barock orientierten Repräsentationsbauten und Erlwein mit süddeutschen und dresdnerischen Barockformen.
Obwohl Erlwein im Vergleich zu seinen Berliner und Hamburger Kollegen nur knapp zehn Jahre wirken konnte, ist Dresden ohne seine Bauten nur schwer vorstellbar: „Die Fülle seiner Werke vermochte das Gesicht Dresdens in einer Weise zu verändern, für das sich in anderen Städten kein Vergleich findet" (Fritz Löffler).

Bernhard Sterra

Katalog Dresdner Reformbauten

Ortsamt Altstadt

Arnoldstraße 29, Johannstadt-Nord (Abb. 1)
Mietshaus in geschlossener Bebauung, 1910

Das Wohngebäude repräsentiert mit seinem geschwungenen Giebel, der vertikalen, durch Lisenen bzw. bay-windows gestalteten Fassadengliederung mit zumeist stilisierten bzw. geometrischen Schmuckelementen eine Architektur, die zum Einen als später Ausläufer des Jugendstils lesbar ist; bei Fortsetzung der traditionellen geschlossenen Bebauung und ohne prononcierte funktionale Unterschiede zu diesem – sieht man von der Loggien-Reihung ab – steht sie in ihrer rationalen Formgestalt zum anderen auch der Reformbaukunst nahe und kann als deren „formalistische" Adaption betrachtet werden.

Blumenstraße 90, Johannstadt-Nord
Mietshaus in Ecklage und geschlossener Bebauung, 1909

Dachhäuser mit Mansardgiebeldach, eingezogene Loggien sowie die sich deutlich von der Tradition des ausgehenden 19. Jahrhunderts unterscheidende Ecklösung mit markantem Eckerker, nicht zuletzt der schlichte ornamentale Bauschmuck an Erker und Giebeln weisen auf die Verarbeitung reformarchitektonischer Anliegen hin, wenn sich diese auch im Rahmen einer konventionellen städtebaulichen Vorgabe bewegen.

Abb. 1 Mietshaus, Arnoldstraße 29

Bönischplatz 13, Johannstadt-Nord
Mietshaus mit Ladeneinbauten, 1906

Den repräsentativen Bau kennzeichnen symmetrische Fassadengliederungen und eine insgesamt versachlichte Architekturauffassung; diese ist lediglich durch leicht konvex hervortretende, geschossübergreifende Erker und geschwungene Fensterverdachungen gestalterisch akzentuiert. Bemerkenswert ist das große mittige Dachhaus zwischen zurückspringenden, seitlichen Rundbogenfenstern.

Bremer Straße 16, Friedrichstadt
Ehem. Königl. Lymphanstalt, um 1910

Die Bauten stehen der bodenständigen und süddeutsch inspirierten Architektur Erlweins nahe, wie sie etwa bei der Kläranlage Kaditz verwirklicht wurde. Auffallend sind die z.T. gekoppelten Fenster und die geschwungenen Giebelausbildungen.

Devrientstraße 10/12, Kleine Packhofstraße 17, Wilsdruffer Vorstadt
Städtischer Speicher im Packhofviertel, 1913–14, Architekt Hans Erlwein

Das weithin sichtbare Gebäude ist ein markantes Beispiel für die gestalterische Kraft der Erlwein-Bauten. Wenn auch städtebaulich an dieser Stelle aufgrund seiner Masse stets fragwürdig, ist durch geschickte, fast rationalistische Durchbildung des Baukörpervolumens ein singulärer und gestalterisch eindrucksvoller wie fortschrittlicher Bau entstanden.
Siehe auch S. 42f.

Dr.-Külz-Ring 19, Rathausplatz 1, Kreuzstraße 2, 4, 6, 8, Innere Altstadt
Rathaus, 1904–1910, Architekten Karl Roth und Edmund Bräter

Der nach 1945 aufgrund von Kriegszerstörungen teilweise verändert wieder aufgebaute Gebäudekomplex ist mit seinem wuchtigen Turm und seinem in den Stadtgrundriss eingebundenen, mehrere Innenhöfe einschließenden Gefüge nach wie vor ein dominanter Bau im Altstadtkontext, der zudem durch zahlreiche Ausstattungsdetails die künstlerische Aufbruchstim-

mung des beginnenden 20. Jahrhunderts nachvollziehbar macht. Während die Bezugnahme auf Renaissance- oder Barockvorbilder noch stark dem Eklektizismus verhaftet ist, ist die künstlerische Ausstattung deutlicher durch Paraphrasierungen und individuelle Lösungen geprägt. Tätig waren hier die Künstler Otto Gußmann, Georg Wrba und Richard Guhr.
Siehe auch S. 10.

Güntzplatz 5, Johannstadt-Nord
Ehem. Stadthaus Johannstadt, Stadtsparkasse
1914, Architekt Hans Erlwein

Siehe S. 42

Messering 1–8, 22, 25, 26, 27
Ehem. Städtischer Schlacht- und Viehhof, 1906–10, Architekt Hans Erlwein

Siehe S. 40 f.

Ostra-Allee 9, Wilsdruffer Vorstadt
Ehem. Haus der öffentlichen Handelslehranstalt und der Kaufmannschaft, 1912–16,
Architekten Alexander und Paul Hohrath

Repräsentatives mehrgeschossiges Schul- und Vereinsgebäude; markantes Beispiel des versachlichten Neobarock um 1910, nach Entwürfen von Alexander Hohrath. Symmetrischer, dreizonaler Aufbau der Fassade, Mittelrisalit angedeutet. Gliederung durch Lisenen und Putzspiegel. Hohe kleinteilige Rechteckfenster, z. T. zusammengezogen. Walmdach und Dachreiter, Dachaufbau und Segmentbogengiebel; heute verändert.

Ostra-Allee 29, Wilsdruffer Vorstadt (Abb. 2)
Wohn- und Geschäftshaus, 1912

Repräsentatives fünfgeschossiges Wohn- und Geschäftshaus in Ecklage. Erdgeschoss mit großflächigen Schaufenstern, diese eingefasst von rustiziertem Mauerwerk. Die vier Obergeschosse in ausgewogener Vertikal- und Horizontalgliederung durch pilasterartige Lisenen und schmale Simsbänder. Asymmetrisch angesetzte flache Erker über zwei bzw. drei Geschosse. Hauptfassade an der Ostra-Allee mit dreiachsigem Risalitvorsprung, darüber ein steiler Dreiecksgiebel als Abschluss mit ellipsenhaft vorkragendem Fensterband. Zurückhaltender Bauschmuck. Gutes Beispiel für den gehobenen innerstädtischen Miets- und Geschäftsbau in klassizierenden, ruhigen, noblen Formen.

Pfotenhauerstraße 81/83, Johannstadt-Nord (Abb. 3)
Hochschule für Bildende Künste, 1911–1912 (1954, 1961)

Zwei Atelierhäuser mit verbindender Einfriedung; Anlage mit älterem Gebäude im Stil der Reformarchitektur nach 1900 und sachlichem Ergänzungsbau mit in klassizistischer Manier übergiebeltem Haupttrakt

Abb. 2
Wohn- und Geschäftshaus, Ostra-Allee 29

(erinnert ein wenig an Tessenows Festspielhaus), bau- und stadtentwicklungsgeschichtlich sowie künstlerisch bedeutend.

Schäferstraße 75/77, Vorwerkstraße 30, Friedrichstadt
Wohnanlage, um 1910.

Ein kompakter Wohnblock in Ecklage. Dreizonale Fassadengestaltung: Sockelgeschoss, zwei Obergeschosse, darüber Gesims und drittes Obergeschoss. Flache Bogennischen im Erdgeschoss, weit vorkragende Erker über zwei Obergeschossen (darüber Balkon ausgebildet). Mittlere Achsen z. T. mit Fensterrahmung und -bekrönung. Dreiecks- bzw. geschwungener Segmentbogengiebel als Abschluss. Mansarddach mit Zwerchhäusern.
Unterschiedliche Fensterformen: schmale und breitere Rechtecke, Segmentbogen (im Giebelbereich mit Fensterläden), Palladiomotiv im Giebel.

Abb. 3
Gebäude der Hochschule für Bildende Künste, Pfotenhauerstraße 83

Stilistisch den Wohnbauten Erlweins nahestehend. Schlichtes, aber anspruchsvoll konzipiertes Mietshaus.

Schäferstraße 81/83, Friedrichstadt
Doppelmietshaus, um 1910.

Stilistisch ähnlich dem Eckwohnhaus Schäferstraße 75, 77 / Vorwerkstraße 30, allerdings in geschlossener Bauweise; symmetrische Fassade. Viergeschossig mit ausgebauter Mansarde. Große Zwerchhäuser mit Dreiecksgiebeln. Sparsam gesetzte Details: Rundbogenblenden, Simse, dreieckige Fensterbekrönungen. Hauseingänge mit ausschwingenden Rundbogenbekrönungen. Mietswohnhaus im Stile Erlweins.

Schützenplatz 14, Wilsdruffer Vorstadt
Dresdener Volkshaus, Gewerkschaftshaus, 1914–1915, 1929–1930

Strenger, fünfgeschossiger Bau, oberstes Geschoss als Attika über einem starken Gesims. Die Fassade mit dreizonalem Aufbau ist ganz mit Sandstein verkleidet. Der Sockel besteht aus Rundbögen, die darüberliegenden Stockwerke sind mit dünnen Lisenen zusammengefasst. Auffällig sind die z. T. mehrfach gekoppelten schmalen Fenster, diese mit Segmentbögen bekrönt. Der schmucklose Bau mit klassizistischer und barocker Formensprache wurde Ende der 1920er Jahre durch einen siebenstöckigen Anbau ergänzt, der die Stilistik vereinfachend übernahm.

Seminarstraße 10/12, Friedrichstadt
Doppelmietshaus, 1912

Das voluminöse Gebäude durchbricht in mehrfacher Hinsicht die gebietstypische Bebauungsstruktur: Zum einen geht die Höhe des Sockelgeschosses, bestehend aus sandsteinverblendetem Sockel und Erdgeschosszone, erheblich über die übliche Höhe hinaus; das Gleiche trifft auf die Höhe des gesamten Gebäudes zu, die schließlich durch einen mittigen Dreiecksgiebel noch gesteigert ist. Die architektonischen Motive und Formen – Erker, Loggien, Simse, Konsolen etc. – sind groß dimensioniert, dabei aber in der Form fast abstrahiert, sodass sich ein insgesamt monumentales Erscheinungsbild ergibt.

Abb. 4 Villa Munds, Tiergartenstraße 48

Sternplatz 7, Wilsdruffer Vorstadt
Allgemeine Ortskrankenkasse, 1912–1913, Architekten Schilling & Gräbner

Siehe S. 15

Theaterplatz 3, Innere Altstadt
Italienisches Dörfchen, 1911–1914, Architekt Hans Erlwein

Siehe S. 41f.

Theaterstraße 2, Innere Altstadt
Schauspielhaus, 1911–1913, 1946–1948, Architekten Lossow & Kühne

Siehe S. 17f.

Thomas-Müntzer-Platz, Johannstadt-Nord
Platzbebauung, um 1912

Die Platzanlage, die mit ihrem halbkreisförmigen Grundriss singulär für Dresden ist, ist umstellt von hohen Mietshäusern in geschlossener Bebauung. Die sandsteinverblendeten Gebäude zeigen in Giebelaufbauten, symmetrischen Fassadengliederungen, Friesen und bauplastischen Details ein versachlichtes Formenvokabular mit neoklassizistischer Orientierung, in der noch Jugendstildekor nachklingt.

Tiergartenstraße 48, Strehlen (Abb. 4)
Villa Munds, 1906, Architekten Lossow & Kühne

Jugendstildetails, hier in ihrer eher klassizierenden Variante, gehen bei dem stattlichen und repräsentativen Bau einher mit einer eigenständigen Form- und Motivverarbeitung; markante Sims- und Traufüberstände, Symmetrien und eine bewegte Dachlandschaft werden einer kompakten Baukörperauffassung verbunden und führen so insgesamt zu einem individuellen und konsistenten Ganzen. Bemerkenswert etwa, wie der Ortgangüberstand in die Dachtraufe übergeht oder der an ein bay-window erinnernde straßenseitige Erker in die Obergeschossflucht eingebunden ist.

Tiergartenstraße 85, Strehlen
Villa, um 1912

Tiefgezogene Mansardgiebeldächer mit Krüppelwalm, mittiger polygonaler Balkonerker oder Fensterreihungen in den Giebelfeldern kennzeichnen den ansonsten schlicht gehaltenen Putzbau.

Vorwerkstraße 30, Friedrichstadt

Siehe Schäferstraße 75/77

Waltherstraße 2, Friedrichstadt
Hafenmühle, 1913, Architekten Lossow & Kühne

Siehe S. 18

Wettiner Platz 10, Wilsdruffer Vorstadt (Abb. 5)
Wohn- und Geschäftshaus mit Hintergebäude und Verbindungsgang, 1910

Repräsentatives, am Klassizismus orientiertes innerstädtisches Wohn- und Geschäftshaus in städtebaulich exponierter Platzlage.
Fünfgeschossige, symmetrische Fassadengestaltung von 11 Achsen. Sockel in Sandstein mit großzügigen Korbbogen-Schaufenstern, Obergeschosse verputzt. Die mittleren 9 Achsen durch zweiachsige Erkerbauten risalitartig zusammengefasst und durch das hohe Walmdach betont, die weit vorkragenden und auf Konsolen ruhenden Erker aber als Balkons ausgeführt. Gliederung der Fassade mit pilasterartigen Lisenen und Gesimsen. Außer offenen Kartuschen über den seitlichen Eingängen und den aufwendigen Erkerkonsolen schmuckloser, nobler Bau, der durch die klassizistischen Elemente und das steile Walmdach entfernt an das 1905 abgebrochene Preußsche Haus (1825/26) erinnert. Die Hoffassade ist in hellem Klinkermauerwerk ausgeführt und mit der geometrisierenden Ornamentik (quadratische Muster, vertikale Streifen etc.) am Wiener Sezessionsstil orientiert.

Wiener Straße 73, Strehlen (Abb. 6)
Villa, um 1906

Anklänge an den klassizierenden und geometrisierenden Jugendstil verbinden sich in dem repräsentativen und symmetrisch gegliederten Bau mit monumentalisierenden Details (Lisenen mit Zahnschnittabschluss, Loggia mit eingestellten Rundsäulen, Einfassungen der seitlichen Obergeschossfenster).

Abb. 5 Wohn- und Geschäftshaus, Wettiner Platz 10

Abb. 6 Villa, Wiener Straße 73

Wiener Straße 109, Strehlen
Villa, 1913

Zurückhaltende klassizierende Gliederungselemente sind einer ebenso dezenten Dekoration verbunden und geben dem ansonsten repräsentativ wirkenden Gebäude ein sachlich-kühles Gepräge; Bauten dieser Art werden noch in den beginnenden 20er Jahren häufiger zu finden sein.

Ortsamt Neustadt

Am Brauhaus 4, Radeberger Vorstadt
Waldschlösschen-Brauerei, Torhaus, 1910

Der kleine, würfelförmige Bau ist mit seiner interessanten Dachform, die an ein Klostergewölbe erinnert, dem markanten Traufüberstand sowie dem kleinen Dachhaus mit Uhr ein unspektakuläres, jedoch gut gestaltetes Beispiel einer sich auf architektonische Grundprinzipien besinnenden Auffassung, die ohne Dekor auskommt und Funktion und Gestalt sinnvoll zusammenführt.

An der Prießnitz 11, Radeberger Vorstadt
Villa mit Stützmauern, 1910

Das am Hang errichtete Gebäude weist mit seinem Mansardgiebel zum Prießnitzgrund. Diese landhausartige Einfügung ist auch in der Architektur thematisiert. Im Rückgriff auf traditionelle Gestaltungselemente wie Dachform, Holzverschalungen, Fensterläden oder schlichte Putzfassaden kommt eine Typik zur Sprache, die den zeitgenössischen Ansätzen, etwa eines Richard Riemerschmid, ähneln.

Angelikastraße 1–13 / Bettinastraße 18, Radeberger Vorstadt
Reihenhausgruppe, 1905,
Architekt August Hugo Grothe

Zwischen 1903 und 1908 entstanden in einem durch Ortsgesetz festgesetzten Bebauungsgebiet die ersten nach Vorbild englischer Landhäuser errichteten Gebäudegruppen in Dresden. Individualität und Formenreichtum prägen die rundum gestalteten und für Bauherren des gehobenen Mittelstandes errichteten Gebäude. Grothes Bauten sind durch den abwechslungsreichen Einsatz von Fachwerk in den Obergeschossen ausgezeichnet, während in Gebäuden Karl Ernst Kühns (etwa Angelikastraße 15–21) eher das Voluminöse betont wird. Die Übergänge zwischen den einzelnen Gebäudeabschnitten sind teilweise gestalterisch verwischt, sodass ein kohärenter Duktus entsteht, der allerdings bei Kühn deutlicher in Erscheinung tritt. In Einzelformen klingt der Jugendstil an.

Angelikastraße 10, Radeberger Vorstadt
Mietvilla, um 1910

Ein kompakter zweigeschossiger Baukörper mit hohem Walmdach, straßenseitigem giebelbekrönten Risalit mit Fachwerk sowie ein insgesamt gestalterisch zurückhaltendes Erscheinungsbild zeichnen das Gebäude aus.

Angelikastraße 15–21, Radeberger Vorstadt
Reihenhausgruppe, 1905, Architekt Karl Ernst Kühn

Siehe Angelikastraße 1–13, S. 50

Archivstraße 1, Innere Neustadt
Gesamtministerium (Sächsische Staatskanzlei), 1900–04,
Architekten Edmund Waldow und Heinrich Tscharmann

Siehe S. 9f.

Archivstraße 14, Innere Neustadt
Hauptstaatsarchiv, 1911–1915,
Architekten Ottomar Reichelt und Heinrich Koch

Siehe S. 15f.

Bettinastraße 12–16, Radeberger Vorstadt (Abb. 1)
Reihenhausgruppe, um 1905,
Architekt August Hugo Grothe

Siehe Angelikastraße 1–13, S. 50

Abb. 1 Bettinastraße 12/14/16, Rückfront

Abb. 2 Böhmertstraße 1

Bettinastraße 19/21 / Angelikastraße 15a, Radeberger Vorstadt
Reihenhausgruppe, um 1905,
Architekt August Hugo Grothe

Siehe Angelikastraße 1–13, S. 50

Bettinastraße 15/17, Radeberger Vorstadt
Doppelhaus, um 1905,
Architekt August Hugo Grothe

Siehe Angelikastraße 1–13, S. 50

Böhmertstraße 1, Radeberger Vorstadt (Abb. 2)
Villa, um 1910,
Architekten Stephan & Möbius

Ein tiefgezogenes Dach mit straßenseitigem Halbwalm, regelmäßige Gliederungen und ein insgesamt kubisch aufgefasstes Ganzes, das zugleich mit einer für ein repräsentatives Gebäude typischen Differenzierung von Einzelformen (etwa der Fenster) arbeitet, prägen das Erscheinungsbild.

Böhmertstraße 2, Radeberger Vorstadt (Abb. 3)
Villa „Ille Terrarum", 1912

Die repräsentative Straßenfront des kompakten Gebäudes ist durch ein Nebeneinander von Symmetrie und Asymmetrie gekennzeichnet. Ebenso kontrastiert der klare, eher sachliche Kubus mit barockisierenden bis klassizierenden Details. Der Zugang ist außermittig gesetzt und durch ein Supraporten-Relief akzentuiert. Das Beispiel steht für eine Versachlichung der Architektur bei gleichzeitiger Gültigkeit barocker Anleihen, namentlich im Villenbau, bis in das 20. Jahrhundert hinein.

Böhmertstraße 3, Radeberger Vorstadt (Abb. 4)
Villa, um 1910,
Architekten Stephan & Möbius

Eine Mischung aus Landhausarchitektur, klassizistischen Detailformen und einem Nachklang des Jugendstils – etwa in den Voluten der Giebel zu sehen – zeichnen das ansonsten recht kompakte und eher zurückhaltend dekorierte Gebäude aus.

Böhmertstraße 6, Radeberger Vorstadt
Villa, um 1910,
Architekten Stephan & Möbius

Das Gebäude zeichnet sich durch eine klare Kubatur, ein hohes Walmdach sowie an klassizistischen Vorbildern orientiertes Formenvokabular aus, das teilweise – etwa in der Behandlung des Vorbaus mit seiner vertikalen Gliederung und den ornamentierten Brüstungsfeldern – durchaus noch monumentalisierende Merkmale aufweist.

Abb. 3
Böhmertstraße 2

Abb. 4
Böhmertstraße 3

Charlottenstraße 34, Radeberger Vorstadt
Villa Grumbt, 1907,
Architekt Martin Pietzsch

Während sich das Gebäude von der Nord-/Westseite als kompakter Kubus präsentiert, ist die Gartenseite in Anlehnung an italienische Vorbilder aufgelockerter gruppiert. Motive wie die turmartige Überhöhung eines Gebäudeabschnittes sind dabei neuartig interpretiert. Ob Erker, Loggia, Dachform oder Fassadengestaltung – Martin Pietzsch erweist sich auch hier als Architekt mit ganz individueller Handschrift.
Siehe auch S. 27

Charlottenstraße 36, Radeberger Vorstadt
Villa, 1904

Siehe S. 24

Eisenberger Straße 16/18, Stadt Neudorf

Siehe Gehestraße 1a–1d, S. 52

Erfurter Straße 1, Stadt Neudorf (Abb. 5)
Mietshaus, 1910

Der voluminöse, platzorientierte Kopfbau einer geschlossenen Quartiersbebauung ist geprägt durch neoklassizistische Formen, einen konventionellen Geschossaufbau und regelmäßige bis symmetrische Fassadengliederungen mit durchgehender, wenn auch zurückhaltender bauplastischer Durchbildung.

Er stellt eine im Prinzip konventionelle städtebauliche Lösung im Gewand neuzeitlicher Formvorstellungen dar.

Gehestrasse 1a–1d / Eisenberger Straße 16/18/ Hallesche Straße 2, Stadt Neudorf
Wohnanlage des Kleinwohnungsbauvereins – Baugruppe Gehestraße, 1911

Die Häuserzeile mit beidseitigen Vorgärten und Querriegel zur Eisenberger Straße durchbricht in ihrer städtebaulichen Disposition die Vorgaben der Blockrandbebauung zugunsten einer Baukörperstaffelung. Im Vergleich zu anderen ebenfalls fortschrittlichen Siedlungen der Zeit, deren Innovation in neuartigen Grundrissen, aber auch in der Ausweisung großzügiger Binnenflächen – unter Beibehaltung von Baufluchten u. dergl. mehr – besteht, ist hier ein städtebauliches Prinzip der Moderne quasi vorweggenommen.

Abb. 5
Erfurter Straße 1

Abb. 6
Heideparkstraße 1

Hallesche Straße 2, Leipziger Vorstadt

Siehe Gehestraße 1a–1d, S. 52

Heideparkstraße 1, Radeberger Vorstadt (Abb. 6)
Villa, um 1910,
Architekten Stephan & Möbius

Das eingeschossige, symmetrisch gegliederte Wohngebäude ist mit seinem tief gezogenen Mansardwalmdach, dem säulengerahmten Portikus und dem mittigen, von einem Dreiecksgiebel akzentuierten Zwerchhaus, nicht zuletzt auch durch seine Fensterläden, die Fenstersprossierung oder die hölzernen Zaunfelder, als Zeugnis einer an der Architektur „um 1800" orientierten schlichten, aber repräsentativen Bauauffassung ausgewiesen.

Heideparkstraße 6, Radeberger Vorstadt (Abb. 7)
Villa, um 1910,
Architekten Stephan & Möbius

Der schlichte, würfelförmige Bau mit dem hohen Walmdach zeigt regelmäßige, an klassizistischen Formen – segmentgiebelbekrönte Zwerchhäuser, Putzquaderungen u. a. – orientierte Fassadengliederungen. Der Gesamthabitus verweist deutlich in die 20er Jahre.

Heideparkstraße 8, Radeberger Vorstadt
Villa, um 1910,
Architekten Stephan & Möbius

Das stattliche Gebäude über L-förmigem Grundriss besteht aus einem höheren Vordertrakt, der durch Erker sowie mittiges Zwerchhaus repräsentativen Charakter erhält; er ist mit dem seitlichen Eingangsflügel durch das konvex hervortretende Treppenhaus verbunden. Die Gestaltung ist von nur verhaltener Dekoration mit barockisierenden Anklängen geprägt.

Heideparkstraße 14, Radeberger Vorstadt
Villa, um 1910,
Architekten Stephan & Möbius

Ein Nebeneinander aus landhaustypischen Elementen – tiefgezogene Dachflächen, Asymmetrie – und klassizierenden Elementen – Fassadensymmetrien – prägen den Putzbau.

Hoyerswerdaer Straße 39, Innere Neustadt
Mietshaus, 1910,
Architekt Curt Herfurth

Der in die geschlossene Bauweise des Eckbereichs zur Bautzner Straße eingefügte Bau weist in der Architektur seiner sandsteinverblendeten Fassade eine deutliche Aufnahme klassizierender Formen auf. Zugleich ist im bauplastischen Dekor eine freiere Gestaltung realisiert. Insgesamt zeigt sich eine Mischung aus verebbendem Jugendstil, Monumentalisierung und Klassizismus und damit eine

Links:
Abb. 7
Heideparkstraße 6

Rechts:
Abb. 8
Königsbrücker Straße 38

Verarbeitung unterschiedlicher Zeittendenzen.
Siehe auch S. 24 f.

Klarastraße 2–8 / Bautzner Straße 171, Radeberger Vorstadt
Reihenhausgruppe, um 1905,
Architekt Karl Ernst Kühn

Siehe Angelikastraße 1–13, S. 50

Klarastraße 10–18, Radeberger Vorstadt
Reihenhausgruppe, um 1905,
Architekt Karl Ernst Kühn

Siehe Angelikastraße 1–13, S. 50

Königsbrücker Straße 38, Äußere Neustadt (Abb. 8)
Wohn- und Geschäftshaus, 1909/10,
Architekt Wagner (?)

Das Gebäude ist deutlich in Warenhaus- bzw. Wohngeschosse unterteilt: Während die unteren Geschäftsetagen aufgelöst sind in einen Wechsel von Pfeilern und Fensterflächen, sind die Obergeschosse als Lochfassade mit Mittel- und Seitenrisaliten ausgebildet. Insgesamt besteht ein Nebeneinander von ausklingendem Jugendstil – insbesondere in Detailformen – und modernen und funktionalen Ansätzen.

Königsbrücker Straße 74, Äußere Neustadt
Mietshaus, 1910

Der voluminöse Eckbau steht mit dem Nebeneinander vieler Details – Eckbetonung durch Runderker und Dachaufbau, unterschiedliche Gaubenformen, Putznutungen, ornamentierte Brüstungsspiegel u. a. – durchaus in der Tradition des ausgehenden 19. Jahrhunderts, hebt sich allerdings durch eine insgesamt kohärente, kompaktere Gestaltung und eine Orientierung an eher barockisierend-klassizierenden Formen von diesen Vorbildern ab.
Siehe auch S. 24f.

Königsbrücker Straße 78 / Paulstraße 1–17, Äußere Neustadt
Wohnanlage Dr.-Becker-Häuser, 1906–08
Architekten Schilling und Gräbner

Die durch den Dresdner Spar- und Bauverein für Minderbemittelte errichtete und nach dem damaligem Aufsichtsratsvorsitzenden des Vereins benannte Anlage besteht aus einer Gruppe von drei Wohnblocks. Durch Vermeidung der damals baurechtlich möglichen Grundstücksausnutzung konnten große gemeinschaftliche Binnenflächen entstehen. Die Architektur ist lagerhaft-bodenständig und durch die großen, abwechslungsreich durch Gauben und Dachhäuser gegliederten Dächer sowie Ecktürme, Balkone, markante Eingangszonen sowie zurückhaltend eingesetzten bauplastischen Dekor in recht freier Ausformung geprägt.
Siehe auch S. 25f.

Königsbrücker Straße 124, Äußere Neustadt
Ehem. Königl. Artilleriewerkstatt, 1914–15

In dem breit gelagerten, symmetrisch konzipierten Gebäude mit seinem Mansardwalmdach, den regelmäßigen Fensteranordnungen und dem mittigen Giebel klingt barockisierendes Formvokabular an, das gleichwohl versachlicht erscheint und an Bauten Hans Erlweins erinnert.

Abb. 9 Königstraße 31

Königstraße 29/31 / Theresienstraße 20, Innere Neustadt (Abb. 9)
Wohnanlage, um 1910

Symmetrische Gliederungen und eine insgesamt am klassischen Motivvokabular orientierte aber sachliche Gestaltung mit Dreiecksgiebeln, Brüstungsspiegeln oder Gebälkzonen sind bestimmend. Der Geschossaufbau ist eher traditionell.

Louisenstraße 9, Äußere Neustadt (Abb. 10)
Mietshaus, um 1910

Im Vergleich zu der im ausgehenden 19. Jahrhundert entstandenen, an Renaissanceformen orientierten und recht homogenen Bebauung des Viertels zeigt sich an diesem späten Neubau der Unterschied der Auffassung. Eine individuell durch Erker, Zwerchhaus und zurückhaltenden Fassadenschmuck ausgezeichnete Front durchbricht nicht nur typologisch durch ihren Giebelstand, sondern auch durch ihre malerische Gestaltung, nicht zuletzt durch ihre recht freie Interpretation von Detailformen den hergebrachten Duktus.

Melanchthonstraße 9, Innere Neustadt
Fach- und Fortbildungsschule, heute Berufschule, Lang gestrecktes Schulgebäude mit zweiläufiger Treppe, einschließlich Turnhalle, 1914–1916, Architekt Hans Erlwein

Der lang gestreckte, symmetrisch gegliederte Bau wurde in eine geschlossene Quartiersbebauung eingefügt. Er erhält seine Gliederung wesentlich durch zwei seitliche Risalite mit Kartuschenbekrönung, einen mittigen breiten Giebelaufsatz sowie regelmäßige Fenstergruppierungen. Die Traufzone ist stark betont, die Fassadenflächen sind ungegliedert.
Im Vergleich zum benachbarten Schulgebäude Weintraubenstraße 3 (siehe S. 55) herrscht hier, von einigen Schmuckakzenten abgesehen, zu denen auch die Eingangstreppe sowie das Portal zu zählen sind, insgesamt eher klassizistische Strenge vor.

Paulstraße 1–17, Äußere Neustadt

Siehe Königsbrücker Straße 78, S. 53

Links: Abb.10 Louisenstraße 9

Rechts: Abb.11 Theresienstraße 10/10b, Eingangsdetail

Pestalozziplatz 22, Neustadt
Pestalozzi-Gymnasium, 1913–15,
Architekt Hans Erlwein

Siehe S. 42

Prießnitzstraße 33, Äußere Neustadt
Mietshaus in geschlossener Bebauung, 1910

Einer teilweisen Auflösung der Wandflächen in ein System aus Lisenen und Brüstungsfeldern, das dem Erscheinungsbild einen sachlich-klassizierenden Charakter verleiht, steht eine eher konventionelle Geschossgliederung zur Seite. Auch die symmetrisch angeordneten Kastenerker sind mit ihren stärker profilierten Gliederungselementen als eher konventionelle Schmuck- bzw. Repräsentationsform ausgewiesen. Summa summarum ergibt sich das Bild einer durch Tradition gedämpften Adaption neuzeitlicher Formauffassung.

Prießnitzstraße 69, Äußere Neustadt
Mietshaus, 1910

Die Geschossgliederungen mit Hervorhebung des 2. OG (hier teilweise durch Fachwerk), die individuelle Formgebung der Giebel und Erker mit ihren bauplastischen Details, die an klassizistischen Formen orientiert sind, schließlich die ansonsten eher schlicht gehaltenen Putzfassaden, vermitteln ein durchgestaltetes Erscheinungsbild.

Schlesischer Platz 6, Äußere Neustadt
Ehem. Hotelgebäude, um 1912, Architekt Wilke (?)

Klassizierende Formen wurden hier einer sehr individuellen, u. a. durch Balkone oder mittigen Polygonalerker bestimmten Fassade verbunden. Die Gesamterscheinung ist kompakt, eher sachlich, dabei gut ausgewogen, die Putzflächen verzichten weitgehend auf Dekoratives. In einzelnen Details wie dem Schluss-Stein des Haupteinganges oder den Balkonkonsolen klingt Monumentalisierendes an.

Stauffenbergallee 35–45, Albertstadt
Wohnhäuser einer Wohnlage, 1910

Die Wohnblöcke, die durch Torbögen miteinander verbunden sind, schließen großzügige, gestaltete Freiflächen ein, sodass sich insgesamt eine kohärente, jedoch sehr aufgelockerte Situation ergibt. Die Architektur ist für die Zeit unprätentiös und im Dekor sehr zurückhaltend; sie ist mit ihren regelmäßigen Fassadengliederungen oder den eingezogenen Loggien von sachlichem, funktionalem Charakter.

Abb. 12 Weintraubenstraße 3

Theresienstraße 10/10 b, Innere Neustadt (Abb. 11)
Doppelmietshaus, 1910

An der Reihung der Mietshäuser, deren spätestes Nr. 10 b ist, lässt sich sehr gut die Formentwicklung des Jugendstils verfolgen. Die Geometrisierung im Formenvokabular zählt zu dessen Spätphase und ist den Entwicklungen einer Versachlichung der Gestaltung, wie sie auch für die Reformbaukunst gilt, formal ähnlich. Die Konsequenz einer Durchdringung der gesamten Architektur, bis hin zur Ausbildung neuer Typen, ist aber nicht gezogen, was hier jedoch durch die Vorgabe der Bauweise verursacht sein mag.

Weintraubenstraße 3, Innere Neustadt (Abb. 12)
Studienanstalt für Mädchen, Gymnasium Romain Rolland, 1913-1915,
Architekt Hans Erlwein

Aufgrund starker Veränderungen insbesondere im Dachbereich hat die ursprüngliche Ausgewogenheit des Gebäudes sehr gelitten. Gleichwohl ist der Gesamtduktus noch vorhanden und entsprechend lassen sich die Intentionen Erlweins gut nachvollziehen. Die Architektur nimmt stilistische und motivische Anleihen beim Dresdner Barock, paraphrasiert und organisiert sie jedoch in Analogie der Gebäudefunktion. Der mittlere Turnhallen-/Festtrakt bildet sozusagen die repräsentative Dimension ab, während die Seitenflügel, die die Gliederung in gestalterisch reduzierter und etwas strengerer Weise fortführen, die Unterrichtsräume beherbergen. Die künstlerische Ausgestaltung am Außenbau stammt von Oskar Döll und Fritz Stellmacher, im Inneren von August Strohrigl (Bildhauerarbeiten) bzw. Karl Schulz (Farbgestaltung).

Ortsamt Pieschen

An den Hufen 3–11, Kaditz
Wohnhausgruppe, 1912

Die symmetrisch angelegte Wohnanlage ist geprägt von schlichten Formen, wie Mansardgiebeldächer mit Fußwalm, Rundbogeneingänge u. a., die den Bauten Erlweins ähnlich sind, hier aber in einer zurückhaltend klassizierenden Formensprache erscheinen.

Bürgerstraße 72, Pieschen (Abb. 1)
Wohnhaus, 1912, Architekt Hans Erlwein

Der symmetrisch gegliederte Putzbau wurde für Kleinwohnungen konzipiert und zeigt deutlich die für Erlweins Entwürfe in dieser Baukategorie charakteristische Kombination von Schlichtheit und ansprechender Gestaltung. Fensterläden, kreuzsprossierte Fenster sowie schlichte Akzentuierungen wie etwa die halbrunden Putzspiegel über den Fenstern des ersten Obergeschosses oder das typische Eingangsvordach fügen sich bei aller Zurückhaltung im Aufwand zu einem gut proportionierten Gesamten.

Burgsdorffstraße 12, Trachau
Mietvilla, um 1910

Im Rahmen der das Wohngebiet prägenden offenen Bebauung stellt das Vorkommen neuzeitlicher Elemente – etwa des mit Fußwalm versehenen vertikal gegliederten Giebelfeldes eine eher formalisierende Adaption dar.

Abb. 1
Bürgerstraße 72

Döbelner Straße 100, Trachenberge
Mietshaus, um 1910

Schlichtheit und Funktionalität prägen das Erscheinungsbild, bei dem die glatt geputzten Fassadenflächen nur durch zurückhaltende gestalterische Elemente Gliederungen erfahren. Hier zeigt etwa das Erdgeschoss die Aneignung historisierend-vereinfachter Massivteile (Konsolen, Eckquaderungen), die Geschosse sind teilweise durch Putzüberstände akzentuiert.

Hans-Sachs-Straße 33–35, Pieschen

Siehe Maxim Gorki-Straße 58–60, S. 56

Industriestraße 5 / Wilder-Mann-Straße 6/8, Trachau (Abb. 2)
Wohnhausgruppe mit Kiosk und Einfriedung, 1912, Architekt Hans Erlwein

Der Gebäudekomplex ist an der Wilder-Mann-Straße zurückgesetzt; hier ist eine gemauerte Einfriedung mit Eckpavillon vorgelagert; durch unterschiedliche Gebäudetypologien ergibt sich der Eindruck eines gewachsenen Ganzen, das gleichwohl konsistent miteinander verbunden ist. Neben diesen vorrangig städtebaulichen Charakteristika ist auf den Formen- und Motivkanon vieler für Erlwein typischer Gebäude hinzuweisen, der sich trotz Zurückhaltung im dekorativen Aufwand kraftvoll bis heiter und wohl ausgewogen präsentiert.

Maxim-Gorki-Straße 58/60 / Rückertstraße 22–30 / Waldstraße 1–7b / Hans-Sachs-Straße 33/35, Pieschen
Wohnanlage „Palmié-Häuser", 1913–20, Architekt Heinrich Koch

Die vom Dresdner Spar- und Bauverein errichtete und nach dem Förderer des Vereins, Kommerzienrat Palmié, benannte Wohnanlage stellt mit ihren diversen Hofbereichen (teilweise als Spielplatz gedacht), ihrem Waschhaustrakt, nicht zuletzt mit der aufgelockerten Gruppierung ihrer Bauten und deren neu entwickelten Grundrissen eine für die Zeit fortschrittliche Lösung dar. Die Architektur zeigt mit ihrer abwechslungsreichen Dachlandschaft und vielen, teilweise an klassische und Renaissanceformen vereinfachend anknüpfenden Details malerische Akzente.
Siehe auch S. 25

Rankestraße 28 a – 30 f, Kaditz
Wohnanlage „Gruppe Sluka", nach 1912

Die gesamte Anlage besteht aus fünf Gebäuden, die sich um einen durch ein Portal erschlossenen Innenhof gruppieren. Ihre Gestaltung ist an traditionellen Grundtypen orientiert, aber schlicht; Mansard- und Walmdächerdächer sowie sparsam eingesetzte Fassadendekoration sind prägende Merkmale.

Abb. 2
Industriestraße 5/ Wilder-Mann-Straße 6/8

Rehefelder Straße 59, Pieschen (Abb. 3)
Josephskirche, 1909–10,
Architekt Alexander Tandler

Die erste überputzte Eisenbetonkirche Dresdens zeigt in vielen Einzelformen, besonders markant aber in der Gestaltung des Turmes sowie des Eingangsbereiches die freie und individuelle Verarbeitung von Jugendstil- sowie romanischen Anregungen. Diese kontrastieren zugleich mit der Flächigkeit der Putzfassade; durch weitere Kontraste, etwa offen / geschlossen oder kleinformatig / großformatig erhält der Bau eine ausgesprochen monumentalisierende Wirkung.

Abb. 3
Josephskirche Rehefelder Straße 59

Rückertstraße 22–30, Pieschen

Siehe Maxim-Gorki-Straße 58–60, S. 56

Scharfenberger Straße 150, Kaditz (Abb. 4)
Kläranlage Kaditz, 1908–13

Die Bauten der Anlage – darunter Wohnhaus und Verwaltungsgebäude – sind sämtlich lagerhaft und bodenständig konzipiert; es sind eingeschossige Bauten mit unterschiedlichen Dachformen und Dachaufbauten. Das symmetrisch gegliederte Verwaltungsgebäude etwa ist bestimmt von einem Mansarddach mit Halbwalm und markantem Traufüberstand, aufgesetztem Uhrenturm, lang gestrecktem Dachhaus und mittigem Rundbogeneingang. Die Fensterzonen des Erdgeschosses führen in Putzgliederungen das Rundbogen-Motiv fort. Die Gebäudegliederungen sind klar und ausgewogen.
Siehe auch S. 44

Schützenhofstraße 35, Trachau (Abb. 5)
Mietvilla, um 1910

Mansardgiebeldächer, teilweise mit Krüppelwalm, abwechslungsreiche Fensterformate, schlicht durch Simse oder Putzspiegel gegliederte, ansonsten schlichte Putzfassaden sind wesentliche Merkmale des Gebäudes.

Abb. 4
Kläranlage Kaditz Scharfenberger Straße 150

Waldstraße 1–7b, Pieschen

Siehe Maxim-Gorki-Straße 58–60, S. 56

Abb. 5
Schützenhofstraße 135

Abb. 6
Weinbergstraße 14

Abb. 7
Weinbergstraße 76

Weinbergstraße 14, Trachenberge (Abb. 6)
Villa, um 1910

Mit seinem tief gezogenen Mansarddach, den verputzten Fassadenflächen und den sprossierten Fenstern, nicht zuletzt durch Details wie Holzverschalung oder überdachter Eingangsbereich weist sich das Gebäude an schlichter Landhausarchitektur orientiert aus.

Weinbergstraße 76, Trachenberge (Abb. 7)
Villa, um 1910, Architekt Heinze

Das als Wohnhaus des Architekten mit Einlieger- und Gärtnerwohnung konzipierte Gebäude zeigt sich als singuläres Werk: Auf L-förmigem Grundriss errichtet, vereinigt es eine Vielzahl von Charakteristiken, Formen und Motiven, die es zum einen deutlich den Tendenzen der Sachlichkeit und Funktionalität zuweisen; so im steilen Satteldach mit eingezogenen Giebelloggien oder der insgesamt klaren Gebäudekubatur mit von Putzflächen bestimmten Fassaden. Zum anderen sind teilweise gotisierende Elemente wie die Spitzbogenarkatur des Erdgeschosses sowie ein bildkünstlerisches Programm (Reliefs und Freiplastiken) mit teilweise christlicher Thematik (z. B. Bethlehem-Szene) bestimmend und verweisen bereits in die 20er Jahre (z. B. St. Antonius in Löbtau). Der interessante Bau ist ein markantes Beispiel für die individuelle und moderne Verarbeitung von historischen Anregungen unterschiedlicher Provenienz.

Weixdorfer Straße 3 (mit Cottbuser Straße 1/3), Trachau
Mietshausgruppe, um 1912

Wilder-Mann-Straße 6/8, Trachau

Siehe Industriestraße 5, S. 56

Wilder-Mann-Straße 59, Trachau
Villa, 1909

Der Nachklang von Jugendstilformen – etwa die vertikal gegliederten Oberlichter oder die mit Giebel akzentuierte Eingangszone – geht mit einer Reduktion im Dekor und einer klaren Gebäudekubatur einher.

Ortsamt Klotzsche

Am Grünen Zipfel, Hellerau
Kleinhäuser, 1909, Architekt Richard Riemerschmid

Siehe S. 30f.

Am Schänkenberg, Hellerau
Reihen-, Doppel- und Einzelhäuser, 1910/11,
Architekt Heinrich Tessenow

Siehe S. 33

Am Schützenfeld, Hellerau (Abb. 1)
Reihenhäuser, 1913,
Architekt Kurt Frick

Der Muthesius-Schüler und -Mitarbeiter Kurt Frick war bewusst um die Vermittlung zwischen den Architektursprachen Riemerschmids und Tessenows bemüht. Deshalb verbinden seine Kleinhäuser Elemente aller drei Hellerauer Hauptarchitekten: Zwei Haustypen gruppierte er entweder als Doppelhäuser oder reihte sie aneinander. Dabei wechseln Trauf- und Giebelständigkeit, die Reihen werden von größeren Häusern abgeschlossen. Tordurchfahrten erinnern an Riemerschmid, die Obergeschosse stehen wie bei Muthesius über. Die Häuser sind einfach und sorgfältig geometrisch proportioniert, sparsame Schmuckdetails – vordergründiger als bei den anderen Architekten – kontrastieren zu den großflächigen Grundformen der Hauskörper. Die beginnende Veränderung der Werte der Hellerauer Gründungsphase bereits vor dem Ersten Weltkrieg macht die Tatsache deutlich, dass Kurt Frick gemeinsam mit den Architekten Karl Baer und Georg Metzendorf 1913/14 frei kombinierbare Grundriss- und Aufrisstypen zur Auswahl aus einem Katalog zum Bau von Eigenhäusern anbot.

Abb. 1
Am Schützenfeld

Auf dem Sand 1, Hellerau (Abb. 2)
Landhaus, um 1910,
Architekt German Bestelmeyer

Die typische Farbigkeit von gelber Wand, weißen Rahmen, grünen Fensterläden und rotem Dach wird durch ein scheinbar runtergezogenes Dach stark vermischt: Zwischen Erd- und Obergeschoss ist ein Dachgesims ähnlich dem bei Riemerschmids Kleinhäusern am Grünen Zipfel angebracht. Dadurch wirkt das Dach dominant und der eigentlich klare Baukörper aufgegliedert.

Abb. 2
Auf dem Sand 1

Auf dem Sand 4, Hellerau (Abb. 3)
Landhaus, 1910, Architekt Heinrich Tscharmann

Heinrich Tscharmann griff mit der äußeren Form des Hauses (fast würfelförmige Kubatur, steiles Walm-

Abb. 3
Auf dem Sand 4

Links:
Abb. 4
Auf dem Sand 6

Rechts:
Abb. 5
Auf dem Sand 8

dach) und der dominanten Holzverkleidung des Obergeschosses auf ländliche Vorbilder zurück (vgl. Paul Schulze-Naumburgs „Kulturarbeiten"). Das Raumprogramm wird von einer großen Diele als zentralem Familienwohnraum nach dem Vorbild der zweistöckigen englischen „hall" bestimmt. Dieser „bescheidene" Anspruch kontrastiert mit der repräsentativen Gartengestaltung. Damit nimmt Tscharmann eine Mittlerstellung zur Dresdner Repräsentationsarchitektur ein.

Auf dem Sand 6, Hellerau (Abb. 4)
Landhaus, um 1910,
Architekt Oswin Hempel

Auch Oswin Hempels Haus nimmt eine Mittlerstellung ein: die typische Farbigkeit von gelber Wand, weißen Rahmen, grünen Fensterläden und rotem, über das 1. Obergeschoss heruntergezogenem Krüppelwalmdach tragen auch andere Hellerauer Villen, repräsentative Formen wie Erker und hinter die Wandfläche geöffneter Balkon mit großen Bogenfenstern sowie die biedermeierliche Dachgaube stehen zwischen Reformelementen und repräsentativer Villenarchitektur.

Auf dem Sand 8, Hellerau (Abb. 5)
Landhaus, um 1910,
Architekt Alexander Horath

Wie Max Hans Kühne und Rudolph Lewicki sollte Horath ursprünglich einen gesamten Straßenzug im Kleinhausviertel gestalten, wozu es jedoch nicht kam. Das im Landhausviertel ausgeführte Einfamilienhaus weist wieder das typische Walmdach auf, hier von einem zweistöckigen Erker durchbrochen, der das sonst sehr schlichte Haus aufwertet.

Auf dem Sand 10, Hellerau (Abb. 6)
Villa Jacques-Dalcroze, 1910,
Architekt Richard Riemerschmid

Eine Ausnahme unter Riemerschmids schlichten, den Hellerauer Reformgeist verkörpernden Landhäusern bildet seine Villa für Jacques-Dalcroze, die die für die Reformarchitektur typischen, reduzierten Schmuckelemente aufweist, in ihrer Kubatur mit Erkern, Balkonen und dem aus der Wandfläche ins Dach wachsenden repräsentativen Giebel sowie dem Raumprogramm aber einer typischen repräsentativen Villa des ausgehenden 19. Jahrhunderts entspricht.

Auf dem Sand 11, Hellerau (Abb. 7)
Landhaus Gorter, später Hegner, 1911,
Architekt Hermann Muthesius

Siehe S. 32

Auf dem Sand 12, Hellerau
Landhaus Lehmann, 1910/11,
Architekt Heinrich Tessenow

Das an norddeutschen Bauern- und Fischerhäusern orientierte Landhaus mit einfachster Kubatur und breitem Satteldach weist lediglich durch sein Raumprogramm und einen schlichten hölzernen Portikus auf seine anspruchsvollere Nutzung hin.

Auf dem Sand 13/15, Hellerau
Landhaus Horneffer/Bienert, 1911,
Architekt Hermann Muthesius

Siehe S. 32

Auf dem Sand 17, Hellerau
Landhaus Zollmann, 1909,
Architekt Theodor Fischer

Das erste Haus im Landhausviertel für den Ingenieur und Begründer des Bürgervereins Hellerau, Martin Zollmann, entspricht mit der einfachen Kubatur und der niedrigen Straßenseite biedermeierlichen Vorbildern. Bürgerliche Landhauselemente wie Veranda und Balkon sind additiv vor den Giebel gesetzt, durch ihre halbe Größe und gleiche Form aber eingebunden und könnten als eine Unterordnung der „Bedürfnisse der neuen Zeit" unter den Traditionsbezug interpretiert werden. Ein umfangreiches Raumprogramm wurde in kleinen Maßen ausgeführt.

Auf dem Sand 19/21, Hellerau
Typenhäuser, um 1910,
Architekt Richard Riemerschmid

Siehe S. 31

Beim Gräbchen 4, Hellerau
Meisterhaus, 1910,
Architekt Hermann Muthesius

Siehe S. 31f.

Beim Gräbchen 6–16, Hellerau
Reihenhäuser, 1909/10,
Architekt Hermann Muthesius

Siehe S. 31f.

Boltenhagener Platz 9, Klotzsche (Abb.8)
Mietvilla, um 1912

Das Gebäude in der kreisrunden Platzbebauung um die evangelische Christuskirche zeigt klare, fast klassizistische Gliederung mit hervortretendem Mittelrisalit, kannelierten Kollossalpilastern, säulengefasstem Eingang und Dreiecksgiebel. Diese Haltung wird relativiert durch das reformtypische Formenspiel des Krüppelwalmdaches, das sich organisch über den Baukubus erstreckt, die kleinteilige Fenstergliederung und die Fensterläden in erstem und zweitem Obergeschoss. Auch die gestreckten Segmentbögen über den Fenstern im ersten Obergeschoss verstehen sich als gestalterisches Element im Sinne des Reformschmucks.

Goethestr. 3, Klotzsche (Abb. 9)
Villa Kandler, um 1907,
Architekt Woldemar Kandler

Die zweistöckige Villa mit einseitig abgewalmtem Pyramidendach errichtete der Architekt für sich. Gestalterisch auffallend trennte Kandler das verputzte Untergeschoss und das fachwerkdurchsetzte Obergeschoss deutlich voneinander. Die leichte Versetzung der Fensterachsen und das große Übereck-Fenster lockern den ansonsten statisch wirkenden Bau auf. Im Inneren ergänzt die reformtypische Ausstattung mit zentraler Halle, um die sich die Räume gruppieren, den reformnahen Anspruch des Bauwerks. 1905–1907 entwarf Kandler unweit seines Hauses den Zentralbau der evangelischen Christuskirche auf dem Boltenhagener Platz.

Links oben:
Abb. 6
Auf dem Sand 10

Links unten:
Abb. 7
Auf dem Sand 11 und 17

Rechts oben:
Abb. 8
Boltenhagener Platz 9

Rechts unten:
Abb. 9
Goethestraße 3

Abb. 10
Heideweg 20

Abb. 11
Herltstraße 2

Heideweg 10/12, Hellerau
Haus Kuntze, um 1910,
Architekt Richard Riemerschmid

Als Künstlerhaus ist es eine Ausnahme unter Riemerschmids sonst schlichten Landhäusern: es verfügt über einen Atelieranbau, der mit einem Volutengiebel verziert ist.

Heideweg 20, Hellerau (Abb. 10)
Landhaus Dohrn, später Major, 1909,
Architekt Theodor Fischer

Das zweite Haus im Landhausviertel baute Theodor Fischer für Wolf Dohrn selbst in größerem Maßstab mit landhaustypischen Stilelementen im Sinne der Reformarchitektur. Zur typischen Farbigkeit (gelb, weiß, grün, rot) kommt die dunkelbraune Verbretterung des ersten Obergeschosses, deren ländlicher Charakter mit den bis auf den Boden gezogenen „französischen" Fenstern des Erdgeschosses, die der Palais- und Schlossarchitektur entlehnt sind, kontrastiert.

Heideweg 24/26, Hellerau
Landhaus Dohrn/Paquet, 1910/11,
Architekt Heinrich Tessenow

Siehe S. 33

Heinrich-Tessenow-Weg 28, Hellerau
Volksschule, 1913,
Architekt Kurt Frick

Glocken- und Uhrturm machen die symmetrische Schulanlage zum Wahrzeichen der Gartenstadt. Der Giebel der Turnhalle greift die Gestaltung des Festspielhauses auf. Die geplante Erweiterung wurde nicht ausgeführt. In den 1920er Jahren war die Schule eine bekannte Reformschule.

Hendrichstraße, Hellerau
Reihenhäuser, 1913,
Architekt Kurt Frick

Siehe Am Schützenfeld, S. 59

Herltstraße 2, Langebrück (Abb. 11)
Herltsche Villa, um 1910

Tief gezogenes Mansardwalmdach mit Fledermausgauben und markantem Traufüberstand, Dachgiebel, Fensterläden und schlichte Putzfassaden bestimmen das eingeschossige Gebäude. Es steht den Gebäuden Richard Riemerschmids nahe.

Höntzschstraße 8, Langebrück
„Villa Antonie", um 1908

Der zweigeschossige würfelförmige Baukörper mit dem steilen Walmdach zeigt schlichte Putzfassaden mit dekorativen Akzentuierungen durch Putzspiegel im 1. OG. Symmetrien, traditionelle Gaubentypen sowie Anbauten unterschiedlicher Gestalt akzentuieren den bei aller gestalterischer Zurückhaltung repräsentativen Habitus.

Höntzschstraße 11, Langebrück
Villa, um 1908

Der stattliche Putzbau gliedert sich in repräsentatives Erdgeschoss und untergeordnetes 1.OG. Die Fassadenflächen sind bis auf schlichte Gurtgesimse oder mit Rauten versehenen Putzspiegel ungegliedert. Interessant ist bei einem Erdgeschossfenster die Fortführung von Fenstersturz und Sohlbank in Form von Simsbändern, die, um die Gebäudekante geführt, dort abbrechen – ein Motiv, das in den 20er Jahren verstärkt erscheinen wird.

Karl-Liebknecht-Str. 5 b, Hellerau
Festspielhaus, 1911/12 Heinrich Tessenow

Siehe S. 33f.

Kieler Str. 2, Klotzsche
Mietvilla, um 1910

Das in freier Bebauung errichtete Mehrfamilienhaus weist sich besonders durch seine Formenvielfalt (Mansardwalmdach mit weit geöffnetem rechteckigem Giebel auf der Hauptschauseite, hervorspringender Erker, der kolossal ins Dachgeschoss hineinreicht) als Bau der Reformzeit aus. Die Größe des Daches ermöglicht seinen Ausbau zur Wohnetage.

Kieler Str. 19, Klotzsche
Mietvilla, um 1912

Das auffällige Gestaltungselement des vorspringenden Risalits zeigt im Detail verschiedene bekannte Formen, die den typischen Eindruck reformnaher Bauten vermitteln: Beispielsweise kontrastieren der rechteckige Giebel, der das Dach weit zu einer Wohnetage öffnet und der halbrunde, bedachte Erker miteinander. Formalästhetisch lässt sich die Verwandtschaft des Erkers zum englischen bay-window deutlich ablesen.

Kieler Str. 33, Klotzsche
Mietvilla, um 1912

Das Gebäude ist klar gegliedert und wird v. a. durch den gebrochenen Giebel bestimmt. Der seitliche bedachte Erker im Untergeschoss hat seine Provenienz im englischen Landhausstil und ist vergleichbar mit dem bay-window. Dieses ist ein typisches und immer wiederkehrendes Gestaltungselement an Wohnhäusern dieser Zeit (vgl. auch Kieler Str. 19, S. 63)

Korolenkostr. 6, Klotzsche
Ehem. Höhere Knaben- und Mädchenschule Klotzsche-Königswald und 82. Oberschule, Turnhalle, 1906

Der massige Putzbau weist durch seine großen, fein gegliederten Bogenfenster an der Längsseite auf die Funktion der Turnhalle hin. Die Giebelseite dagegen zeigt zwei Stockwerke in drei Achsen, ebenfalls mit kleineren Bogenfenstern. Der Eingang wird gestalterisch durch einen Schmuckgiebel betont. In seiner Aufteilung, Proportionierung und Kubatur ist der Bau mit den Schulbauten Hans Erlweins vergleichbar.

Moritzburger Weg 67, Hellerau
Fabrikkomplex Deutsche Werkstätten, 1909/10, Architekt Richard Riemerschmid

Siehe S. 30

Moritzburger Weg 69–73, Hellerau (Abb. 12)
Häuser Schmidt, Mendelsohn u. a., um 1909, Architekt Richard Riemerschmid

Riemerschmids Landhäuser am „Moritzburger Weg" (für Karl Schmidt, Georg von Mendelsohn und die Höhere Schule Hellerau) sind formal völlig reduziert. Ihre klare, ungebrochene Kubatur und die schlichten Zeltdächer werden durch gruppenweise Anordnung mit verbindenden Eingangsbauten aufgelockert.

Nicodéstraße 1, Langebrück
Villa, um 1912

Ruhige Fassadengliederungen, mittige Dachaufbauten und teilweise rautenförmige Fenstersprossierungen zeugen von der klassizierenden Grundhaltung des kompakten und durch ein steiles Walmdach mit Aufschiebling ausgezeichneten stattlichen Gebäudes. Der Typus mit den unzurückhaltend gegliederten und nur durch wenig Dekor akzentuierten Putzfassaden mit seinen schlichten, durchlaufenden Simsbändern weist bereits in die 20er Jahre.

Nicodéstraße 4, Langebrück (Abb. 13)

Ein mächtiger eingeschossiger Vorbau mit Rundbogenfenstern, schlichte und teilweise durch Putzdekor, Symmetrien, Simsbänder u. a. akzentuierte Fassaden, schließlich die abwechslungsreiche Geometrie und der markante Traufüberstand des Daches prägen das Erscheinungsbild des Baus.

Nicodéstraße 5, Langebrück (Abb. 14)
Villa, um 1908

Der außergewöhnlich gegliederte Bau zeigt zahlreiche für die Reformarchitektur typische motivische und gestalterische Elemente, die teilweise englischen Einfluss erkennen lassen. Interessant ist die Kombination von Mansardwalm- und Walmdach sowie die an ein bay-window angelehnte Gestaltung der straßenseitigen Fassade. Die horizontale Akzentuierung durch schlichte Simsbänder, die zugleich Sturz und Sohlbank der Fenster bilden, verweist in die 20er Jahre. Diese sowie weitere Details wie unterschiedliche Gauben-

Abb. 12 Moritzburger Weg 69–73

Abb. 13 Nicodéstraße 4

Abb. 14
Nicodéstraße 5

Abb. 15
Selliner Straße 19

formen, Fensterläden u. a. verleihen dem Putzbau einen bodenständigen, aber noblen Habitus.

Ruscheweg 1–13, Hellerau
Typenhäuser, um 1910,
Architekt Richard Riemerschmid

Siehe S. 30f.

Selliner Str. 19, Klotzsche (Abb. 15)
Mietvilla, um 1910

Ebenso wie der Bau des St. Marienkrankenhauses auf der Stendaler Str. 24 wird das Dach der Mietvilla durch drei nebeneinander liegende trapezförmige Giebelfelder geöffnet. Die mittlere Eingangsfront tritt sichtbar aus der Fassade hervor und erfährt durch drei vertikale Fenster eine besondere Gestaltung. Die Rückseite des Gebäudes gewinnt durch einen halbrund heraustretenden Turm gestalterische Eleganz. Anders als auf der Stendaler Str. 24 verbindet sich das Zwischengeschoss auf organische Weise mit der Dachlandschaft. Städtebaulich zeigt die Ecklösung mit Giebeln zu beiden Straßenseiten eine beachtliche Interpretation. Dennoch bleibt zu vermuten, dass aufgrund der verwandten Kubatur die Bauten der Selliner Str. 19 und der Stendaler Str. 24 von ein und demselben Architekten errichtet wurden.

Stendaler Str. 11, Klotzsche (Abb. 16)
Mietvilla, um 1910, Architekt Max Otto

Das Gebäude setzt besonders durch seine üppige Dachlandschaft einen markanten Akzent in der umgebenden Bebauung. Tief abgewalmte, sich rechtwinklig durchdringende Satteldächer umfangen die hohen, risalitartig hervorspringenden Giebel. Der auffällige Dachüberstand verstärkt den Eindruck der Dominanz des Daches. Die Putzflächen werden durch verschiedene Fensterformen aufgelockert, sind jedoch nicht ornamentiert. Gestalterischen Anziehungspunkt bilden die drei farbigen Vertikalfenster auf der Hauptschauseite. Auch an diesem Gebäude zeigen Spiel und Korrespondenz verschiedener tektonischer Formen die Verwandtschaft zur Reformbaukunst.

Stendaler Str. 24, Klotzsche (Abb. 17)
Krankenhaus St. Marien, um 1910

Auffällig an dem villenartigen Krankenhausgebäude ist die Öffnung des Daches an der Hauptfront durch trapezförmige Felder, die in ihrer Dimension das zweite Obergeschoss bilden. Innerhalb des mittleren Giebelfeldes befinden sich drei vertikale Fenster, die den rational-sachlichen Charakter des ornamentlosen Putzbaus unterstützen. Eine malerische Komponente hingegen bildet die abgerundete Ecke mit Umgang unter dem Kegeldachsegment und breitem Bogenfenster. Auf der Gartenseite wird das Dach des halbrund heraustretenden Mittelrisalits angehoben durch ein kleines Zwischengeschoss, das gern verwendetes Gestaltungsmittel der Reformarchitektur ist.

Tännichtweg 2, Hellerau
Haus Tessenow, 1910,
Architekt Heinrich Tessenow

Tessenows eigenes Wohnhaus in einfacher Kubatur mit

Abb. 16
Stendaler Straße 11

Abb. 17
Stendaler Straße 24

schlichtem Satteldach wird lediglich durch einen hölzernen Balkonvorbau an der Rückseite aufgewertet.

Tännichtweg 4, Hellerau
Holzhaus, 1909,
Architekt Hugh Mackay-Baillie Scott

Noch bevor die Deutschen Werkstätten ihre Holzhausproduktion aufnahmen, entstand das einstöckige Wohnhaus als eines der ersten Hellerauer Häuser im Landhausviertel. Obwohl es inzwischen massiv überbaut worden ist, blieb die Grundstruktur erhalten.

Abb. 18
Tännichtweg 9

Tännichtweg 9, Hellerau (Abb. 18)
Arzthaus Dr. Günther, 1910,
Architekt Rudolph Lewicki

Das große Wohnhaus (zweistöckig mit ausgebautem Sockelgeschoss) mit großflächigem Satteldach und rechtwinklig angegliederter Arztpraxis bezieht sich auf lokale Bauernhäuser mit Scheune. Ein repräsentatives Raumprogramm und eine ebensolche Gartenanlage widersprechen dem bäuerlichen Vorbild. Der untergeordnete Arbeitstrakt öffnet sich im Eingangsbereich zum halböffentlichen Raum der Straße. Wie die Häuser von Ernst Kühn, Oswin Hempel und Alexander Hohrat nimmt es mit seiner Monumentalität, dem reichen Schmuck und dem großbürgerlichen Raumprogramm eine Mittlerstellung der Hellerauer Architektur zur Dresdner Repräsentationsarchitektur der Reformzeit ein. Lewicki sollte ebenso wie Max Hans Kühne ursprünglich einen ganzen Straßenzug im Kleinhausviertel gestalten, der nicht ausgeführt wurde.

Abb. 19
Tännichtweg 11

Tännichtweg 11, Hellerau (Abb. 19)
Landhaus, um 1910,
Architekt Ernst Kühn

Der differenzierten Dachlandschaft und ebensolchen Gestaltung der Wandfläche (Mauervorsprung, Erker und Balkon, Eingangsvorbau, Fensterüberfangung mit wuchtig geschwungener Konsole) ensprechen die auch von anderen Villen bekannten starken farblichen Kontraste: gelbe Wand, weiße Rahmen, grüne Fensterläden, rotes Dach. Wieder ist das Krüppelwalmdach über das 1. OG runtergezogen, auf dem Giebel entspricht eine Dachschindelverkleidung der normalen Wand der Verbretterung der ersten Obergeschosse an anderen Hellerauer Villen. Der massige Baukörper mit Bruchsteinsockel ist ein gelungenes Beispiel der Dresdner Reformarchitektur, die Bodenständigkeit mit einem repräsentativen Anspruch verbindet.

Ortsamt Loschwitz

Am Sägewerk 18/20, Schönfeld
Doppelwohnhaus, Bahnwärterhaus, um 1910

Schlichtes Gebäude mit markantem Mansardgiebeldach, großen Dachhäusern und kräftigem Traufüberstand.

Am Steinberg 10/14, Wachwitz
„Wollner-Villa", 1907–1909,
Architekt Wilhelm Kreis

Das für den Kaufmann Robert Wollner errichtete Anwesen basiert auf einer Anlage des 18. Jahrhunderts. Stilistisch und typologisch hat der Architekt das umfangreiche Ensemble, zu dem neben der Villa diverse Nebenanlagen und -bauten gehören, deutlich an barocken Vorgaben orientiert, ohne jedoch rein historisierend oder gar idealisierend vorzugehen. Der historische Bezug erfährt vielmehr eine eigenständige, durch zahlreiche aufwendige wie individuelle Details geprägte Paraphrasierung, in der auch durchaus monumentalisierende Elemente vorkommen. In der Bauausführung wird diese Haltung durch die Verwendung neuzeitlicher Materialien – wie Eisenbeton auch für Skulpturen – konsequent zum Ausdruck gebracht.

Abb. 1 Bautzner Landstraße 32

Am Steinberg 13, Wachwitz
„Villa Hottenroth", 1904–05,
Architekt Wilhelm Kreis

In Gebäudekubus, Dachform, Proportionen und sparsamem Dekor zeigt sich der repräsentative Bau deutlich angelehnt an Vorbilder des ausgehenden 18. und beginnenden 19. Jahrhunderts.

An der Berglehne 6, Loschwitz
Mietvilla, um 1910

Betonung der Gebäudekubik, die sich – ablesbar u. a. an den unterschiedlichen Giebelformen – als Durchdringung zweier Grundelemente zeigt, sowie klare Fassadengliederungen, die ohne bauplastischen Dekor auskommen, weisen das Gebäude als typischen Vertreter einer modernen Bauauffassung aus.

An der Berglehne 8, Loschwitz
Villa „Glückauf", um 1912

Markant durch einen laternenartigen Dachaufbau sowie ein aufwendiges Eingangsportal ausgezeichnet, zeigt das Gebäude ansonsten eine Dominanz der Kubatur, bei deren Gliederung besonders der umlaufende Fußwalm auffällt.

Bautzner Landstraße 10, Weißer Hirsch
Miets- und Geschäftshaus, 1905,
Architekt Max Herfurt

Siehe S. 25

Bautzner Landstraße, 21, Weißer Hirsch
„Villa Wettin/Wollin", um 1910,
Architekt Max Herfurt

In dem kompakten Baukörper mit seinem markanten Mansardwalmdach sowie den eigenwillig turmartig gestalteten Ecklösungen wird der für den Wohnungsbau seit Ende des 19. Jahrhunderts verbreitete Würfelhaustyp auf eine individuelle, den Kubus betonende und stilistische Adaptionen vermeidende Weise fortgeführt.

Bautzner Landstraße 32, Loschwitz (Abb. 1)
Mietvilla, um 1910

Verschiedene Elemente traditioneller Bautypologie sind hier zu einem süddeutsch inspirierten Gesamten komponiert worden: Straßenseitig lassen etwa die großen Korbbogenöffnungen im Erdgeschoss, der mittige Konsolerker und das stattliche Dachhaus Assoziationen mit Werken Theodor Fischers aufkommen, die in einer modernen Verarbeitung hergebrachter Formen die organisch gewachsene Stadt fortzuschreiben versuchten.

Bautzner Landstraße 144, Bühlau (Abb. 2)
Mietshaus, 1910–12,
Architekt Max Herfurt

In Ecklage errichtet, steht der voluminöse Bau mit seiner auf die Gebäudeecke hin konzentrierten Gestaltung – zusätzliches Dachgeschoss sowie die Rahmung durch die markanten Giebelerker sind hier u. a. zu nennen – durchaus in der Tradition des historistischen Städtebaus. Gleichwohl ist hier zum einen die sonst übliche Höhenstaffelung deutlich „gebremst“, zum anderen im Unterschied zur eher additiven historistischen Auffassung das Bemühen um eine kohärente Gesamtbaukörperwirkung vorherrschend.

Collenbuschstraße 16, Weißer Hirsch
„Villa Sophie“, 1912–13,
Architekt Max Herfurt

Das in seiner Umrissform und Gestaltung eher schlicht gehaltene Gebäude weist als Besonderheit ein loggienartiges Dachhaus auf, das sich aus einem erkerartigen Vorbau der Hauptgeschosse entwickelt.

Collenbuschstraße 18, Weißer Hirsch
Mietvilla „Landhaus Kruse“, um 1905,
Architekt Rudolf Kolbe

Siehe S. 23

Collenbuschstraße 30 / Plattleite 49, Weißer Hirsch (Abb. 3)
„Haus Jurk“ und Haus „Heideblick“,
Doppelwohnhaus bzw. Wohnanlage, 1909–1910,
Architekt Max Herfurt

Trotz einzelner pittoresker Details, die als Zeichen einer historisch assoziierbaren Kleinteiligkeit gesehen werden können, herrscht in der Gestaltung ein durchaus sachlicher Duktus vor, der in der Auflösung der Eckrundung in eine Art Stützensystem einen klassizierenden Einschlag erhält.

Fidelio-F.-Finke-Straße 4, Loschwitz
Ehem. Loschwitzer Feuerwache, 1908,
Architekt Schramm

Eine der Feuerwachen, die sich, gleich etwa der durch Hans Erlwein entworfenen Feuerwache Schlüterstraße (Striesen), durch einen deutlichen Bezug zur regionalen süddeutschen Architektur bei gleichzeitiger Versachlichung und funktionalen Durchbildung des Baukörpers auszeichnet.

Abb. 2
Bautzner Landstraße 144

Fidelio-F.-Finke-Straße 15, Loschwitz
Schillerschule, 1909,
Architekt Schramm

Die klassizierende Haltung des klar gegliederten Hauptbaus ist von zurückhaltend repräsentativem Charakter, sie ist aber nicht „aufgesetzt“, sondern mit dem Funktionalen des Gebäudes zu einer Einheit verbunden; der kleinere Anbau vertritt eine eher regionalistisch-bodenständige Auffassung.

Josef-Hermann-Straße 7, Wachwitz
Villa, um 1910

Mit seinem tiefgezogenen Mansarddach mit Halbwalm, dem starken, von einem bay-window-ähn-

Abb. 3
Collenbuschstraße 30 / Plattleite 49

oben:
Abb. 4
Kügelgenstraße 12

unten:
Abb. 5
Lahmannring 7/9

lichen Polygonalerker unterfangenen Giebelüberstand, der straßenseitigen Symmetrie sowie zahlreichen weiteren Details (Holzverschalungen, Fensterläden) ist das Gebäude als individuelles den Bauwerken eines Riemerschmid nahestehende Schöpfung ausgewiesen.

Josef-Hermann-Straße 10 a, Wachwitz
Mietvilla, um 1910

Das durch Symmetrie sowie diverse Details – u. a. einen turmartigen Dachreiter – ausgezeichnete Gebäude ist von Schlichtheit geprägt und verweist auf die Architektur um 1800.

Kotzschweg 12, Wachwitz und Loschwitz
Villa, 1886, 1911 und 1934

Besonderheiten des Kopfbaus bestehen in dem sehr hohen Mansardwalmdach, den symmetrischen Gliederungen sowie der großzügigen talseitigen Durchfensterung bei ansonsten schlichtem Habitus des Gebäudes.

Kügelgenstraße 10, Loschwitz
Villa, 1902,
Architekt Max Hans Kühne

Siehe S. 24

Kügelgenstraße 12, Loschwitz (Abb. 4)
„Villa Höhne", 1913,
Architekt Oswin Hempel

Gestalterisch ist die aus mehreren Bauten bestehende Anlage singulär. Der eigenwilligen Baukörperkomposition des Hauptbaus tritt eine sehr individuelle Formgebung und Kombination vielfältiger baugeschichtlich inspirierter Gestaltungselemente an die Seite. Die Loslösung von Historismus und Jugendstil führt in Fällen wie diesem zur Aufgabe anderer für die Reformbaukunst üblicher Bezugnahmen zugunsten individueller, aus den Gegebenheiten des Ortes, den Anforderungen des Nutzers sowie den künstlerischen Intentionen des Architekten abgeleiteter Schöpfungen. Bedeutsam ist die Schaffung eines Gesamten, bei dem der Gestaltung der Innenräume – hier vermutlich unter Mitwirkung u.a. Paul Rößlers – als „Raumkunst" eine zentrale Bedeutung zukam.

Lahmannring 7, Weißer Hirsch (Abb. 5)
Villa, um 1912

Neben einer Tendenz zur Versachlichung, der sich in der Reformbaukunst immer wieder ein Hang zum Klassizieren an die Seite stellt, führt der ausdrückliche Rückbezug auf die Schlichtheit historischer Vorbilder um oder vor 1800 zu einer Art gewolltem Neoklassizismus. Dieser kann bis in die Ausführung von Details reichen und dadurch, wie die Beispiele Lahmannring 7 und 9 zeigen, historisierend-idealisierende Züge annehmen. Der Rückbezug auf einen ganzheitlichen Architekturbegriff ist auch bei dieser Haltung immer noch als Abgrenzung vom Historismus des 19. Jahrhunderts lesbar, allerdings vor dem Hintergrund einer Entscheidung für eine neuerliche historische Orientierung.

Lahmannring 9, Weißer Hirsch
Villa, 1914

Siehe Lahmannring 7, S. 68

Lahmannring 12, Weißer Hirsch
Mietvilla mit Nebengebäude, um 1912

Im Detail weist das Gebäude typische Elemente einer bodenständigen, sachlichen Architektursprache auf, wie Mansardgiebeldach, Dachhaus, sparsamer Dekor, Fensterläden.

Lahmannring 17, Weißer Hirsch (Abb. 6)
Haus „Urvasi", 1912,
Architekt Max Herfurt

Das als Kurheim des Lahmann-Sanatoriums errichtete Gebäude erhebt sich über L-förmigem Grundriss.

Durch die Vielzahl an Wohneinheiten bedingt, zeigt die Fassadendurchbildung große Regelmäßigkeit in der Gliederung. Große Fensterflächen sowie zahlreiche typisierte Balkone oder Loggien, schließlich auch Vor- und Rücksprünge, durchlaufender Fußwalm sowie eine insgesamt eher lagerhafte Erscheinung sind zu einem plastisch wirkenden Erscheinungsbild gefügt, dem barockisierende bis klassizierende Formen verbunden wurden.
Funktionalität und individuelle Formauffassung – man beachte die teilweise durchlaufenden Brüstungsbänder oder die prismenartig gehaltenen Balkonbrüstungen des Mansardgeschosses – verweisen bereits in die 20er Jahre.

Lehnertstraße 4, Weißer Hirsch
„Villa Mathilde", 1908

Wenige Details mit klassizierend-monumentalisierendem Einschlag wie Lisenen, Kapitelle, Ovalfenster oder Dreiecksgiebel prägen das ansonsten kubisch aufgefasste Gebäude.

Lohmener Straße 10 / Söbrigener Straße 5b–5d, Pillnitz (Abb. 7)
Ehem. Königliche Hofgärtnerei, Versuchs- und Beispielgärtnerei Pillnitz, 1913–15

Die Gärtnerei mit großem Kopfbau zur Lohmener Straße (sog. Steffenbau), Wohnhäusern, Pförtnerhaus, Gartenpavillon u. a. steht mit ihren markanten Walm- und Mansardwalmdächern, den zurückhaltenden, jedoch regelmäßig bis symmetrisch gegliederten und durch Rundbogen, Simsbändern und Fensterläden gestalteten Fassaden architektonisch deutlich in der Nähe Hans Erlweins.

Malerstraße 16, Loschwitz
Villa, 1903,
Architekt Rudolf Kolbe

Siehe S. 23

Malerstraße 31/ 32, Wachwitz und Loschwitz
Ehem. Weidners Sanatorium, 1914–1916,
Architekten Carl Sattler bzw. Hartmann

Die Anlage stellt sich dar als Gruppe mehrerer Sanatoriumsgebäude unterschiedlicher Funktion, die durch ihre Adaption ländlicher Gebäudetypologien bzw. -konstruktionen – in erster Linie sind hier die Fachwerkobergeschosse zu nennen – im Prinzip der traditionellen Orientierung verpflichtet bleiben, nun allerdings als versachlichte, form- und schmuckreduzierte Bauten erscheinen.

Marie-Simon-Straße 4, Loschwitz
Villa, 1909,
Architekt Bernhard Ernst Johannes Lehnert

Hohes Mansardwalmdach, Dachhaus, symmetrische Gliederungen sowie ein mittiger Erker mit bay-window lassen architektonischen Einfluss u. a. durch englische Vorbilder vermuten; ansonsten ist die Reduktion des Dekors zugunsten einer „Versachlichung" der Architektur kennzeichnend.

Markt 4, Schönfeld
Gasthof zum Erbgericht, um 1910

Der symmetrisch gegliederte Bau weist einen leicht klassizierenden Einschlag auf und zeigt im Detail darüber hinaus – etwa in den mit dem Gurtgesims verkröpften Sohlbänken des ersten Obergeschosses, dem hohen Sockelgeschoss und der Reihung der hohen Rundbogenfenster – durchaus monumentalisierende Ansätze, die hier dem Anspruch eines der Öffentlichkeit auch für unterschiedliche Anlässe dienenden repräsentativen Gebäudes geschuldet sein mögen.

Oskar-Pletsch-Straße 1, Loschwitz
Villa, um 1910

Das ehemals als Ausstellungs- und Repräsentationsgebäude der im Tschechischen tätigen Firma Hiele

oben:
Abb. 6
Lahmannring 17

unten:
Abb. 7
Söbrigener Straße 5d

Links:
Abb. 8
Rißweg 70

Rechts:
Abb.9
Sonnenleite 8

und Dittrich errichtete Gebäude ist geprägt durch klare Kubatur, Unterscheidung zwischen repräsentativem EG und untergeordnetem 1. OG sowie regelmäßige Fassadengliederungen. Ein leicht klassizierender Einschlag ist bestimmend.

Oskar-Pletsch-Straße 3, Loschwitz
Villa, um 1910

Die malerische Komposition mit Eckerker, straßenseitigem Giebel sowie Dachhaus und weiteren Elementen sowie die Abkehr von eindeutigen Historismen kennzeichnen das repräsentative Gebäude als dem neuen Geist der Erlweinzeit verpflichtet.

Pillnitzer Landstraße 59, Loschwitz
Künstlerhaus, 1897/98,
Architekt Martin Pietzsch

Sowohl hinsichtlich der Bauaufgabe als auch der funktionalen und gestalterischen Umsetzung stellt das Gebäude ein singuläres Zeugnis dar. Trotz einiger Anleihen an Venezianisches sowie erkennbarer Einflüsse des (zu dieser Zeit in Dresden noch nicht zur vollen Entfaltung gekommenen) Jugendstils, zeigt es eine individuelle, auch für spätere Bauten Martin Pietzschs charakteristische Gestaltungskraft. Die wesentlich aus der Funktion als Ateliergebäude entwickelte Baukörper- und Raumdisposition mit großen Fenstern und Balkonen weisen es als eines der frühesten Dresdner Beispiele für eine Abkehr vom Historismus und einen beginnenden Funktionalismus aus.
Siehe auch S. 26

Pillnitzer Landstraße 85, Loschwitz
Mietvilla, um 1910,
Architekt Oskar Menzel

Hohes Mansardwalmdach, symmetrische Gliederungen und ein (spät-)barockisierender Einschlag kennzeichnen das Gebäude als Vertreter der auf die Architektur um 1800 rekurrierenden Reformrichtung.

Pillnitzer Landstraße 141, Wachwitz
Villa, um 1913,
Architekt Emil Wägner

Das stattliche Villengebäude ist besonders charakterisiert durch ein hohes Mansardwalmdach mit Dachhaus, ein durch Rundbogenfenster mit Fensterläden festlich und heiter wirkendes Hauptgeschoss sowie einen breiten und zum Tal orientierten, von Säulen getragenen Balkon.
Die Kompaktheit der Anlage sowie eine durch die Proportionen hervorgerufene Bodenständigkeit sind süddeutschen Vorbilds.

Plattleite 49, Weißer Hirsch

Siehe Collenbuschstraße 30, S. 67

Rißweg 70, Loschwitz (Abb. 8)
Mietshaus, 1911

Das im Eckbereich zur Steglichstraße gelegene und aus Blickrichtung der Bautzner Landstraße wichtige Gebäude betont seine städtebauliche Funktion durch einen turmartigen Runderker, der, im Zugangsbereich des Erdgeschosses durch Säulen getragen,

im Dachbereich in eine flache Haube mündet. Fensterreihungen, sparsamer Dekor sowie eine insgesamt kompakte Baukörperwirkung treten hinzu und erinnern insgesamt an Bauten Theodor Fischers.

Robert-Diez-Straße 10, Loschwitz
Villa, 1903, Architekt Oskar Menzel

Siehe S. 22

Schädestraße 5, Loschwitz
Villa, 1914,
Architekten Stephan & Möbius

Die Schlichtheit des Gebäudekubus wird begleitet durch dezente repräsentative Merkmale wie Symmetrie, Geschossdifferenzierung und markanten Traufüberstand.

Schevenstraße 6 b, Loschwitz
„Haus des Schulmeisters", 1900,
Architekt Oskar Menzel

Siehe S. 22

Schillerstraße 2 b, Loschwitz
„Villa Montana", 1908,
Architekt Heino Otto

Das aus einer Vielzahl unterschiedlicher Formen und Elemente in einer sehr malerisch-additiven und damit dem Historismus nahestehenden Weise komponierte Gebäude stellt sich als ein für die Zeit etwas verspäteter Vertreter einer monumentalisierenden Auffassung dar.

Söbrigener Straße 5b–5d, Pillnitz

Siehe Lohmener Straße 10, S. 69

Sonnenleite 8, Loschwitz (Abb. 9)
„Villa Lotte", 1910

Bemerkenswert an der ansonsten eher zurückhaltenden Bauauffassung des Gebäudes ist der mittige polygonale Turmvorbau, auf den sich der dekorative Aufwand stark konzentriert und der sich im Dachbereich weitgehend in Fensterflächen auflöst. Hohes Sockelgeschoss mit Rundbogenfenstern, Symmetrien im Fassadenaufbau, Balustraden und ein Hang zu klassizierender Formgebung treten hinzu und verleihen ein insgesamt repräsentatives Erscheinungsbild.

Sonnenleite 10, Loschwitz (Abb. 10)
Villa, um 1910

Ein Vergleich zum Nachbargebäude Nr. 8 zeigt den Unterschied in der Bauauffassung: Die Reduktion auf die Markierung wesentlicher Zonen, etwa des Haupteingangs durch eine portikusähnliche Rahmung oder die nur noch zarte Schattenkante zwischen den Geschossen, schließlich auch die überraschenden Querformate der Obergeschossfenster zeugen von einem eher dem Regionalstil süddeutscher Provenienz verpflichteten Ansatz, der hier gleichwohl mit der Bauaufgabe Villa und ihrem repräsentativen Anspruch auf dezente Art verknüpft wird.

Abb. 10
Sonnenleite 10

Staffelsteinstraße 31, Niederpoyritz
Villa, 1903, Architekt Rudolf Kolbe

Siehe S. 23

Tolstoistraße 4, Loschwitz (Abb. 11)
Villa mit Remise, um 1910

Mit seinem tief gezogenen Mansardgiebeldach mit Fußwalm, der straßenseitigen Fassadensymmetrie,

Abb. 11
Tolstoistraße 4

Abb. 12 Wachwitzer Bergstraße 22

den Erdgeschossfenstern mit Rundbögen und dekorativen Brüstungsfeldern sowie den säulengerahmten Fenstern im Mansardgeschoss stellt das Gebäude insgesamt eine spätbarockisierende bis klassizierende Variante der auf kompakte Gebäudekubik und Reduktion des Dekors ausgerichteten Reformarchitektur dar.

Wachwitzer Bergstraße 7, Wachwitz
Torhaus (zu Pillnitzer Straße 159), um 1910

Symmetrie der Fassaden sowie eine markante Dachgestaltung mit mittigem Giebelakzent bestimmen das ansonsten schlichte kleine Gebäude.

Wachwitzer Bergstraße 8, Wachwitz
Villa, um 1910

So stattlich die Inszenierung der Gesamtanlage mit großer markanter und über Substruktionen errichteten Terrasse, dem seitlichen Rundturm oder dem von Säulen getragenen halbrunden Balkon ist – so stark ist umgekehrt die Formgebung reduziert auf geometrische Grundformen.

Wachwitzer Bergstraße 22, Wachwitz (Abb. 12)
Villa, um 1910

Das in Anlehnung an nordamerikanische Holz-Landhäuser errichtete Gebäude zeichnet sich durch diverse polygonale, teilweise ins Dachgeschoss gestaffelt fortgesetzte Erkervorbauten sowie einen umlaufenden Fußwalm aus.

Ortsamt Blasewitz

Anton-Graff-Straße 8, Striesen (Abb. 1)
Villa, 1906/07

Trotz des zwar gut detaillierten, jedoch etwas unorganischen modernen Eingangsanbaus ist das Gebäude nach wie vor als qualitätvolles Beispiel einer Reformarchitektur zwischen Jugendstil und Sachlichkeit nennenswert. Beachtenswert ist insbesondere das Nebeneinander leicht monumentalisierender Jugendstilformen – etwa beim straßenseitigen Erker mit seiner polygonalen Form im Sockelbereich oder den massiven Konsolen – und sachlicherer Formen – etwa in der Ausbildung des Fachwerkobergeschosses mit eingezogener Loggia.

Abb. 1
Anton-Graff-Straße 8

Basteistraße 11, Strehlen
Villa, 1912

Der insgesamt schlichte, besonders durch sein hohes Mansardgiebeldach, klare regelmäßige Fassadengliederungen und Geschossüberstände geprägte Bau kombiniert Vorbilder süddeutscher Herkunft mit sachlichen Tendenzen des beginnenden 20. Jahrhunderts.

Ermelstraße 27, Striesen (Abb. 2)
Mietshaus, um 1910

Das Gebäude bietet ein typisches Beispiel für die Veränderung in der stilistischen Haltung bei Wahrung der herkömmlichen Gebäudetypologie und städtebaulichen Struktur. Einzelformen, die hier – etwa am Eingangsportikus in monumentalisierter Form oder in der kubischen Durchbildung der Hauptfassade – von Tendenzen der Reformarchitektur beeinflusst erscheinen, sind eher als modische Adaptionen denn als von Reformgeist durchdrungene Schöpfungen interpretierbar.

Abb. 2
Ermelstraße 27

Ermelstraße 31, Striesen
Mietshaus, um 1912

Der markante Eckbau mit seinen Mansardgiebeln und dem asymmetrisch vorgestellten polygonalen Balkonerker wendet sich mit diesen Elementen von der überkommenen Striesener Architekturtypologie ab, übernimmt aber das traditionelle städtebauliche Prinzip der offenen Würfelbebauung. Im Dekor klingt verhalten Klassizierendes an.

Friedensplatz 2, Blasewitz (Abb. 3)
Villa, nach 1912

Deutlich an englischen Landhäusern ist dieser Putzbau orientiert. Bemerkenswert sind das hohe Sattel-

Abb. 3
Friedensplatz 2

Abb. 4 Junghansstraße 10, Fassadenausschnitt

Abb. 5 Hofmannstraße 37/39

dach, die bay-windows und der bündig mit der Fassade abschließende Fenstertyp.

Glashütter Straße 56–64 / Junghansstraße 4–18 / Kipsdorfer Straße 65/67, Striesen (Abb. 4)
Wohnanlage „König-Friedrich-August-Häuser", 1910/11, Architekt Theodor Richter

Die Anlage wurde durch den Kleinwohnungsbauverein Striesen errichtet. Unter Abkehr von gängigen Blockrandanordnungen und Gebäudetypologien entstand ein gegliedertes und in der Komposition unterschiedlichster Detailformen – Gauben, Dachreiter, Zwerchhäuser, Fensterformate usw. – solitär gestaltetes Ensemble, das gleichwohl einen klaren Rhythmus besitzt. Im Unterschied zu anderen Wohnanlagen der Zeit, in denen Bezüge zu historischen Stilen zumindest anklingen, ist hier ein individueller Duktus bestimmend, in dem man auch Nachklänge des geometrisierenden Jugendstils entdecken kann.

Glashütter Straße 94, Striesen
Gebäude der ehem. Georg A. Jasmatzi Cigarettenfabrik, 1912–13

Risalite mit bekrönenden Zwerchhäusern sowie ein durch Wandpfeiler, Brüstungsfelder und Stabwerk bestimmtes Fassadenbild prägen das Erscheinungsbild des Fabrikgebäudes. Trotz Assoziierbarkeit mit klassizierenden Formen, die – was in den durchgehenden Wandpfeilern sehr gut zum Ausdruck kommt – gelegentlich monumentalisiert erscheinen, ist doch die Tendenz einer rationalen Auflösung der Wand in Pfeiler und Stützen auf der einen und Fensteröffnungen auf der anderen Seite das Hauptthema – Charakteristikum einer zunehmend versachlichten Architektur.

Goetheallee 14, Blasewitz
Villa, um 1910

Das repräsentative Gebäude steht typologisch ganz in der Tradition des großbürgerlichen Villenbaus, zeigt aber in seiner Formauffassung die Verarbeitung der durch die Reformströmungen aufgekommenen Haltungen wie Vereinfachung oder teilweise Monumentalisierung.

Henzestraße 16, Striesen
Mietvilla, um 1910

Der Bau steht in der Tradition der malerisch und abwechslungsreich gegliederten Villen, für die Asymmetrie, unterschiedliche Fensterformate und eine gewisse Motivvielfalt charakterisierend sind. Hier sind jedoch die Fassadenflächen schlicht gehalten, wodurch einzelne Akzente – etwa der Eingangsportikus oder einzelne Fensterformen – eine deutlichere Hervorhebung erfahren. Insgesamt herrscht Mäßigung im Dekor vor.

Hofmannstraße 34, Blasewitz
32. Mittelschule, 1907–09, Architekt Hans Erlwein

Der Gebäudekomplex erstreckt sich über L-förmigem Grundriss. Die Baumasse ist geschickt durch Eckeinrückung, Wechsel von Giebel- und Traufstand sowie abwechslungsreich durch unterschiedliche Fensterformate, -gruppierungen und Simse gestaltete Fassaden gegliedert und in die Umgebung der Villenbebauung eingepasst. Im Vergleich zu Schulgebäuden des ausgehenden 19. Jahrhunderts ist hier zugleich auch auf die Vermittlung einer Maßstäblichkeit für die Nutzer geachtet worden. An verschiedener Stelle, auch im Inneren, ergeben sich Schwerpunkte durch die künstlerische Ausgestaltung (Holzerker, bauplastischer Schmuck u. a.), die durch Mitglieder der „Zunft", Georg

Wrba, Karl Groß, Paul Rößler und Paul Perks, erfolgte.

Hofmannstraße 37/39, Blasewitz (Abb. 5)
Doppelwohnhaus, 1911

In dem voluminösen, symmetrisch entwickelten Gebäude klingen sowohl späte Jugendstil-Details als auch – in der Schlichtheit der Fassadenflächen und dem nur an einzelnen Zonen (Kastenerker, Traufuntersicht u.a.) vorkommenden Dekor – sachlichere Tendenzen der Architektur der Zeit an. Von den zur gleichen Zeit vielfach errichteten würfelförmigen Mietshäusern, die sich von vergleichbaren Vorläufern in erster Linie stilistisch unterscheiden, hebt er sich durch die Gebäudetypologie als Doppelhaus, wichtiger jedoch durch die an den zeitgenössischen genossenschaftlichen Wohnungsbau angelehnte Ausbildung eingezogener Loggien für die einzelnen Wohneinheiten ab.

Holbeinstraße 155–163 / Löscherstraße 33 / Tittmannstraße 32–36 / Wormser Straße 22–30
Rudolf-Schilling-Häuser, 1910/12,
Architekten Schilling & Gräbner

Die durch den Dresdner Spar- und Bauverein errichtete Anlage besteht aus einer fünfgeschossigen und in zwölf Abschnitte gegliederten geschlossenen Bebauung, die einen großen Innenbereich mit Zentralwäscherei, Badeanstalt und Kinderspielplätzen einschließt. Die Archiektur zeigt eine durch Balkonanordnungen, unterschiedliche Dachaufbauten bzw. Ecktürme akzentuierte, weitgehend regelmäßige Gliederung in verhalten klassizierenden Formen. Bemerkenswert sind neben den sorgfältig gestalteten Details – etwa den Eingangsbereichen – die Grundrisse zur Wormser Straße mit straßenseitig angelegten Treppenhäusern – eine flächensparende und funktionelle Disposition, die sich in den 20er Jahren zum Standard entwickeln wird.
Siehe auch S. 25

Abb. 6
Justinenstraße 6

Abb. 7
Käthe-Kollwitz-Ufer 80

Junghansstraße 1, Striesen
Ehem. Produktionsgebäude der Ernemann Werke AG, 1915–18, Architekt Emil Högg

Siehe S. 18f.

Junghansstraße 4–18, Striesen (Abb. 4)

Siehe Glashütter Straße 56–64, S. 74

Justinenstraße 6, Blasewitz (Abb. 6)
Mietvilla, um 1910

Trotz einiger konventioneller Elemente – etwa der durch einen Segmentgiebel bekrönte straßenseitige Risalit – greift das Gebäude ausgesprochen moderne, etwa im zeitgenössischen genossenschaftlichen Wohnungsbau vorkommende Vorbilder auf: Sowohl die insbesondere in dem Motiv der Brüstungsbänder demonstrierte Betonung der Horizontalen, als auch die eingezogene Loggia des ersten Obergeschosses mit ihrer unprätentiösen Gestaltung sind hier zu nennen.

Abb. 8
Karcherallee 23

Käthe-Kollwitz-Ufer 80, Blasewitz (Abb. 7)
Villa, um 1910

Das zweigeschossige Gebäude repräsentiert ein für Dresden eher seltenes Beispiel reforminspirierter Architektur: Eine deutlich an klassizierenden Formen orientierte Gestaltung ist zum einen, wie sich besonders in den stattlichen Pilastern zeigt, monumentalisiert, zum anderen hat der Fassadenaufbau durch den Wechsel zwischen großformatigen Fensteröffnungen und architektonischen Gliedern eine Versachlichung erfahren.

Karcherallee 23, Gruna (Abb. 8)
Villa, nach 1910

Das Gebäude bietet mit seinem markant gestalteten straßenseitigen Giebel – kräftige, gerade Ortganglinie, Giebelabschluss mit Drillingsfenster und Krüppelwalm, symmetrische Fensteranordnung sind hier zu nennen – eine Synthese traditioneller Motivik und Typologie mit einer leicht klassizierenden Sachlichkeit.

Abb. 9
Karcherallee 41

Karcherallee 41, Strehlen (Abb. 9)
Villa, 1912

Trotz Überformung des Dachbereiches präsentiert sich das stattliche Gebäude als bemerkenswertes und singuläres Zeugnis des baukünstlerischen Aufbruches nach 1900.
Die ansonsten klare Wirkung des Baukubus mit seinem markanten Traufüberstand wird insbesondere straßenseitig durch individuell gestaltete Motive wie die Fensterreihung des Erdgeschosses, mehr jedoch durch das Einziehen des OG mit seinen dekorativen, eingestellten Pfeilern akzentuiert.

Abb.10
Ludwig-Hartmann-Straße 18

Kipsdorfer Straße 65/67, Striesen

Siehe Glashütter Straße 56–64, S. 74

Kretschmerstraße 12, Blasewitz
Villa, 1911

Der schlichte Bau zeichnet sich durch hohes Mansardgiebeldach, regelmäßige Fassadengliederungen sowie Details wie Zwerchhaus, Fensterläden oder halbrundes Giebelfenster aus. Er steht der Architektur einfacher traditioneller Landhäuser nahe.

Abb.11
Mendelssohnallee 26

Lewickistraße 11–21, Tolkewitz
Reihenhäuser, 1913

Die Häuserzeile besteht aus zwei seitlichen, risalitartig hervortretenden zweigeschossigen Bauteilen sowie einem dazwischengespannten niedrigeren Abschnitt, sodass sich insgesamt eine symmetrische Gesamtform ergibt. Mansardwalmdächer mit Zwerchhäusern, Gauben und Giebeln sowie abwechslungsreich gestaltete Fassaden mit Rundbogeneingängen, Ovalfenstern oder Fensterläden sind zu einem qualitätvollen Ganzen komponiert. Die geputzten Fassadenflächen weisen ansonsten kaum Gliederungselemente auf.

Löscherstraße 33, Striesen

Siehe Holbeinstraße 155–163, S. 75

Ludwig-Hartmann-Straße 18, Blasewitz (Abb. 10)
Villa, um 1910

Das Gebäude präsentiert sich zur Straße durch eine singuläre symmetrische Fassadengestaltung, in der Prinzipien wie Fläche/Relief, Geschlossenheit/Öffnung, Vor- und Rücksprung oder Horizontalität/Vertikalität zu einer ausgewogenen und individuellen Form geführt sind. Motivisch klingen diverse Landhauselemente, teilweise englischer Provenienz, an.

Mendelssohnallee 26, Blasewitz (Abb. 11)
Villa, nach 1913

Das stattliche Villengebäude greift mit seinem mehrfach gestaffelten Baukörper, den teilweise sehr individuellen Fensterformen und -gruppierungen und dem weit ausladenden Walmdach Anregungen der zeitgenössischen amerikanischen Architektur auf.

Naumannstraße 3, Blasewitz
„Villa Schieck", „Villa Marienlust", vor 1875 bzw. 1907/08, Architekten Schilling & Gräbner

Die Villa orientiert sich mit ihrem symmetrischen Aufbau, dem überhöhten Mittelrisalit sowie dem durch

Rundbogenfenster und Fensterläden akzentuierten Hochparterre an repräsentativen Vorbildern barocker Prägung. Deren Formrepertoire ist hier jedoch einem deutlich schlichteren Habitus gewichen.

Pfaffensteinstraße 9, Strehlen (Abb. 12)
Villa, um 1910

Hohes Mansardgiebeldach mit Aufschiebling, unterschiedliche Erkertypen sowie regelmäßige Fensteranordnungen und ein insgesamt schlichter, aber repräsentativer Habitus mit nur wenigen dekorativen Akzenten (die durch ihre horizontale Betonung bereits in die 20er Jahre verweisen) sind die wesentlichen äußeren Merkmale dieses Gebäudes.

Regerstraße 2, Blasewitz
„Villa Dudek", um 1910

Eine zur Regerstraße eher malerische Baukörpergruppierung, die sich zur Elbe hin mit deutlicher repräsentativer Geste zeigt, wird durch eine abwechslungsreiche, im Dekor reduzierte Fassadengestaltung und eine bewegte Dachlandschaft mit Gauben, Eckturm und Fensterreihungen geprägt. Hier klingen die für den an deutscher Renaissance orientierten Villenbau des ausgehenden 19. Jahrhunderts typischen Motive wie Erker oder Eckturm an, die nun aber einer deutlich zurückhaltenden, schon sachlicheren Auffassung verbunden werden.

Reinhold-Becker-Straße 1, Blasewitz
Villa, um 1910

Trotz Veränderungen der 1990er Jahre hat das repräsentative Gebäude seine Eigenart und Ausstrahlung bewahrt: Der in die Tiefe gestaffelte Baukörper durchbricht die traditionell im Villenbau bevorzugte Symmetrie und zeigt zudem einen geschickten Wechsel zwischen geschlossenen und offenen Flächen, Fensterreihung und Einzelfenster sowie Sandstein und Putz. Besonders typisch die geschwungene Form und die Fensterreihung des Dachhauses. Der Dekor ist insgesamt zugunsten einer Wirkung durch die genannten Charakteristika zurückgenommen.

Schlüterstraße 39, Striesen
Feuerwache, 1906,
Architekt Hans Erlwein

Die für Erlwein typische aufgelockerte wie gestaffelte Baukörperkomposition bildet ein abwechslungsreich gegliedertes Ensemble, das durch die Art seiner Gruppierung sowie durch jeweils abschnittsweise regelmäßige Fassadengestaltungen als individuelle, auf die Funktion und den Standort hin abgestimmte Architektur erscheint. Diese spricht für sich selbst und bedarf keines zusätzlichen zeichenhaften (Stil-)Systems; die Assoziierbarkeit mit regionaltypischen Architekturmotiven, die Elemente wie den Mansardgiebel mit Krüppelwalm zulassen, sind gleichwohl als Mittel einer gewissen bürgerlichen Verwurzelung lesbar.

Abb. 12 Pfaffensteinstraße 9

Abb. 13 Tolkewitzer Straße 49

Der Putzbau ist ein schönes Beispiel für Erlweins Ansatz, auch bei „Funktionsbauten" Schlichtheit im Aufwand mit gestalterischer Signifikanz zu verbinden.

Stresemannplatz 7, Striesen
„Villa Würzburger", 1910/11

Über dem durch eine kräftige Simszäsur abgeschlossenen, optisch höher erscheinenden Erdgeschoss erhebt sich das durch Wandkassettierungen hervorgehobene 1. OG. Ein schlichtes Walmdach mit mittigem Zwerchhaus rundet das durch seine verhalten klassizierenden Formen schlichte, jedoch elegant wirkende Gebäude ab.

Tittmannstraße 32–36, Striesen

Siehe Holbeinstraße 155–163, S. 75

Abb. 14 Wehlener Straße 32

Tolkewitzer Straße 49, Blasewitz (Abb. 13)
Villa, um 1910

Abwechslungsreiche Dachgeometrie und zurückhaltend klassizierende Fassadengestaltungen und Details bilden an diesem ansonsten schlichten Gebäude ein konsistentes Ganzes. Zu beachten etwa der Kontrast zwischen Fassadenflächen und stark profilierten Trauf- und Ortgangbereichen.

Wägnerstraße 3, Blasewitz
Villa, 1914

Mit seinem klaren kubischen Aufbau, den regelmäßigen Fensterreihungen, dem mittigen, von einem leicht geschwungenen Giebel bekrönten Zwerchhaus sowie dem auf wenige dezente Elemente und der Kubatur untergeordneten Dekor steht das repräsentative Gebäude (man beachte die Hervorhebung des Erdgeschosses) durchaus der Architektur Hans Erlweins nahe.
Die etwas kühle und sachliche Ausstrahlung verweist bereits deutlich in die 20er Jahre.

Wehlener Straße 15/17, Tolkewitz
Krematorium und Feierhalle des Johannisfriedhofs, 1909–11,
Architekt Fritz Schumacher

Siehe S. 35–38

Wehlener Straße 32, Tolkewitz (Abb. 14)
Verkaufspavillon, um 1910

Das kleine Bauwerk zeichnet sich durch eine außergewöhnliche Dachform und eine Pfeilerstellung an der straßenseitigen Front aus.

Wittenberger Straße 96, Striesen
Versöhnungskirche, 1905–09,
Architekten Gustav Rumpel und Arthur Krutzsch

Siehe S.14f.

Wormser Straße 22–30, Striesen

Siehe Holbeinstraße 155–163, S. 75

Zwinglistraße 11/13, Gruna
Doppelmietshaus, nach 1910

Das breit gelagerte, symmetrisch angelegte Gebäude ist durch Erker, Balkone, Loggien sowie eine abwechslungsreich gestaltete Dachlandschaft sehr stark gegliedert und steht hiermit sicher in der Tradition des ausgehenden 19. Jahrhunderts. Gleichwohl wird eher die Kubik betont sowie im Dekor eine Abkehr von historisierenden Vorbildern zugunsten eher geometrisierender bis klassizierender Formen vollzogen.

Ortsamt Leuben

Bahnhofstraße 25, Niedersedlitz (Abb. 1)
Villa Dr. Kauffmann, 1911–12,
Architekten Lossow & Kühne

Die repräsentative Fabrikantenvilla steht frei und allseitig einsehbar in einem großen, parkähnlich angelegten Gartengrundstück. Die Fassaden zeigen, teilweise funktionsbedingt, gänzlich unterschiedliche Gestaltungen, bei denen mit Erkern, Balkonen, Dachhäusern und anderen Motiven ein abwechslungsreiches Bild entsteht. Interessant ist dabei, dass dennoch versucht wird, eine Kohärenz herzustellen, etwa in der durchgehend zurückhaltenden Gestaltung des Erdgeschosses, das sich trotz schlichter Putzfassade im wiederkehrenden Motiv des Korbbogenfensters sowie in seiner größeren Geschosshöhe durchgehend als das repräsentative Geschoss ausweist; auch springt das mit Putzdekor versehene erste Obergeschoss an der Westseite plötzlich zugunsten eines Balkons zurück. Solche Merkmale wie etwa auch das Fehlen von Putzlisenen betonen die Kohärenz des Gesamten – eine Haltung, die bereits in die 20er Jahre verweist. Die Formgebung ist durchaus klassizierend, was sich auch in der originalen Innenausstattung niederschlug.

Abb. 1
Bahnhofstraße 25

Hermannstädter Straße 7–21, Laubegast (Abb. 2)
Wohnanlage, 1912

Die Anlage ist so gruppiert, dass großzügige begrünte Freiflächen entstehen. Die Architektur der Putzbauten zeichnet sich durch die hohen Mansardwalmdächer sowie durch in Gruppen zusammengefasste Durchfensterungen aus; durch die aus der Fassade heraustretenden und mit hohen glockenartigen Hauben versehenen runden Treppenhaustürme entsteht ein sehr individuelles, an Burgtypologien erinnerndes Bild.

Abb. 2
Hermannstädter Straße 7–21

Österreicher Straße 28, Laubegast (Abb. 3)
Mietshaus, 1911

Das freistehende kompakte Gebäude ist durch symmetrische Fassadengliederungen, zwei flankierende polygonale Turmerker, eine an der Hauptfassade geschossweise großzügiger werdende Durchfensterung sowie ein niedriges Zeltdach ausgezeichnet. Die unterschiedlichen Motive sind frei und individuell zu einem Gesamten zusammengefügt; dekorative bauplastische oder Putzelemente sind sparsam eingesetzt.

Abb. 3
Österreicher Straße 28

Österreicher Straße 29, Laubegast (Abb. 4, 5)
Mietshaus mit Laden, um 1912

Das Gebäude ist Bestandteil einer weitgehend geschlossenen Blockrandbebauung zwischen Iglauer Straße, Neuberinstraße, Zur Bleiche und Österreicher Straße. Die einzelnen Gebäude sind individuell gestaltet, sodass sich ein malerisches und eher kleinteiliges Gesamtbild ergibt. Bei Nr. 29 wird mit gotisierenden Elementen gearbeitet, die dem Putzbau etwas Traditionelles verleihen; hiermit kontrastiert das Fehlen weiterer Fassadengliederungen wie auch die recht großzügige Durchfensterung.

Links oben: Abb. 4 Österreicher Straße 29

Links unten: Abb. 5 Geschlossene Bebauung Österreicher/Neuberinstraße

Rechts oben: Abb. 6 Putjatinstraße 16

Rechts Mitte: Abb. 7 Stephensonstraße 14

Rechts unten: Abb. 8 Tauernstraße 28

Österreicher Straße 65, Laubegast
Doppelmietshaus, um 1910

Hohes Mansardwalmdach mit Giebeln, Zwerchhäusern und Gauben, ein markanter Traufüberstand sowie schlicht gehaltene Putzfassaden kennzeichnen das Gebäude; interessant sind die Balkonlösungen: sie erscheinen als Element im Traufbereich oder in Verbindung mit einem Loggia-artigen Einzug der Fassade.

Putjatinstraße 16, Kleinzschachwitz (Abb. 6)
Mietshaus, um 1910

Auffällig an dem Eckgebäude sind neben der gestalterisch recht zurückhaltenden und die Gebäudekubik betonenden Gesamthaltung insbesondere die markante, auch den Eckbereich umspannende Traufkante sowie die aus mehreren Motiven kompakt zusammengestellte Ecklösung des Dachbereiches.

Rosenthaler Straße 17/ 19, Großzschachwitz
Doppelhaus, 1912

Das Doppelhaus ist Teil einer Siedlung der Baugenossenschaft Zschachwitz GmbH. Sein bodenständiges Äußeres verdankt sich dem tief gezogenen Mansarddach mit seinen Giebeln, Dachhäusern und Gauben; die Fensteranordnung ist regelmäßig, die Fenster teilweise etwas großformatiger, die Fassaden schlicht verputzt. In Auflockerung und Durchgrünung der Siedlungsbebbauung zeigt sich der Gartenstadtgedanke.

Stephensonstraße 12/14, Leuben (Abb. 7)
Feuerwache, um 1910

Besonders interessant an dem eingeschossigen Gebäude sind die massiven, aus bossierten Steinquadern bestehenden und wie Strebepfeiler schräg angestellten Pfeilervorlagen mit ihren abschließenden

Konsolen – eine durchaus monumentale Geste für das kleine Gebäude. Dessen Lagerhaftigkeit und Bodenständigkeit wird noch unterstrichen durch das Walmdach (straßenseitig mit Fußwalm) und den markanten Traufüberstand.

Tauernstraße 28, Laubegast (Abb. 8)
Villa, 1908–09, Architekt Hugo Kaul

In Einzelformen dem klassizierenden Jugendstil nahestehend, ist das repräsentative Gebäude durch seine klar gegliederten und insbesondere durch die Durchfensterungen bestimmter Fassaden, sein relativ flach geneigtes Walmdach und den starken Traufüberstand als eine individuelle, traditionelle Motivik und Formgebung eigenständig weiterentwickelnde Schöpfung ausgewiesen. Dekoration ist sparsam eingesetzt, markante Gesten wie der massive Eingangsportikus sowie der die Trauflinie übersteigende Treppenhausrisalit wirken eher durch ihre architektonische Einbindung in den Baukörper.

Ortsamt Prohlis

An der Christuskirche, Strehlen
Christuskirche, 1903–05,
Architekten Schilling & Gräbner

Siehe S. 13f.

August-Bebel-Straße 23, Strehlen (Abb. 1)
Villa, um 1910

Das Gebäude steht deutlich in der Tradition der malerisch komponierten Villen des ausgehenden 19. Jahrhunderts, weist aber eine Vielzahl von Details auf, die als Adaption neuen Formverständnisses gewertet werden können. Hierzu zählen die Fensterreihungen, die fast graphisch wirkenden und horizontal betonten Fensterstürze und Sohlbänke sowie der nur als leichte Schwellung aus der Hauptfassade hervortretende Erker. Der Dekor ist reduziert, die Putzfassaden flächenbetont, insgesamt ist der Habitus leicht barockisierend.

August-Bebel-Straße 48, Strehlen
Villa, um 1905

Das malerisch komponierte und durch Motiv- und Formenvielfalt ausgezeichnete Gebäude zeigt Giebelstaffelungen, Erker, Loggia und abwechslungsreiche Fensterformate. Im Detail ist Jugendstileinfluss deutlich, insgesamt klingt jedoch, wie man an diversen Fensterreihungen sowie an gestalterischen Spannungen zwischen Fläche und Bauplastik ablesen kann, neben einer disziplinierten und individuellen Gestaltung bereits eine sachliche Haltung an.
Der Bau ähnelt stark dem Nachbargebäude Nr. 50 und der Villa Caspar-David-Friedrich-Straße 5.

August-Bebel-Straße 50, Strehlen
Villa, um 1905

Auch dieses Bauwerk zeichnet sich durch eine malerische, abwechslungsreiche Gestaltung aus, die teilweise, wie an der markanten Ostseite zu sehen, einem Ordnungsschema eingebunden wird. Neben die motivisch reiche Durchgestaltung des Gebäudekubus tritt bauplastische Dekoration, die Anklänge an Jugendstilformen aufweist.

Barlachstraße 1, Strehlen (Abb. 2)
Villa, um 1910

Im Vergleich zum Nachbargebäude Nr. 3 ist hier ein Grad der Versachlichung der Architektur erreicht, der auf eine klassizierende Haltung, aber auch auf eine Reduktion im Formenvokabular zurückzuführen ist.

Barlachstraße 3, Strehlen
Villa, 1916

Kennzeichnend für eine Abkehr von Bindungen an historische Stile zugunsten einer Hinwendung zu Ein-

Abb. 1 August-Bebel-Straße 23

Abb. 2 Barlachstraße 1

fachheit und Typik sind an diesem giebelständigen Gebäude die regelmäßig gegliederten, einfach gehaltenen Fassaden, die Fensterläden sowie Krüppelwalm, eingezogene Loggia und insgesamt zurückhaltende Dekoration.

Cäcilienstraße 8, Strehlen (Abb. 3)
Villa, um 1910

Der kompakte Bau mit seinem tiefgezogenen Mansarddach zeigt in Holzverschalungen, Fensterläden, Fledermausgauben und einem sonst schlichten, von Putzflächen bestimmten Habitus zahlreiche Elemente einer traditionellen Landhausarchitektur, deren Aufnahme in der Zeit nach 1900 wieder zunehmend eine Rolle spielte.

Caspar-David-Friedrich-Straße 5, Strehlen (Abb. 4)
Villa, 1905,
Architekt Georg Heinsius von Mayenburg

Mit ihren vielfältigen Motiven wie Erkern, Giebeln, Baukörperdurchdringungen und -staffelungen, ihren unterschiedlichen Fensterformaten, dem teilweise tiefgezogenen Dach und der insgesamt sehr individuellen Formauffassung stellt die stattliche Villa eine Schöpfung dar, in der unterschiedliche Vorbilder und Anliegen eigenständig verarbeitet werden.
Durch Motiv- und Formvielfalt noch durchaus einer eklektischen Haltung verbunden, in der teilweise noch Jugendstilanklänge zu finden sind, weist das Gebäude umgekehrt in die neue Auffassung eines Bauens von Innen nach Außen. Sein malerisches Erscheinungsbild ist somit durch die Raumdisposition mitbestimmt.

Gasanstaltstraße 10, Reick
Gasometer, 1907–08,
Architekt Hans Erlwein

Siehe S. 43

Goppelner Straße 12, Leubnitz-Neuostra
Wohnhaus mit Laden, 1910

Schlichte Kubatur mit Walmdach, zur Straße eine symmetrisch gegliederte Fassade mit Rundbogenöffnungen im EG sowie kräftige Fledermausgauben bestimmen das äußere Erscheinungsbild des Gebäudes. Bei größter Zurückhaltung im Dekor ist Ausgewogenheit bestimmend.

Heiligenbornstraße 1–11, Leubnitz-Neuostra
Wohnhausgruppe, um 1910

Die in halboffener Bauweise errichteten Gebäude beherbergen jeweils Geschosswohnungen. Die Gesamtgestaltung ist regelmäßig und durch Giebel, Erker und Balkone aufgelockert. Bestimmend sind die weitgehend ungestalteten Putzflächen. Es handelt sich offenbar um relativ kostengünstig errichtete Wohnbauten, die in ihrem zurückhaltenden Habitus an den städtischen Kleinwohnungsbau eines Hans Erlwein erinnern, wenn sie an dessen architektonische und innovative Qualitäten auch nicht entfernt heranreichen.

Abb. 3
Cäcilienstraße 8

Abb. 4
Caspar-David-Friedrich-Straße 5

Lockwitztalstraße 2/4/6 / Dorfstraße 1, Niedersedlitz (Abb. 5)
Mietshäuser mit Läden, um 1909

Die halboffene Bebauung zeigt ein abwechslungsreiches Bild, das durch Giebel, Balkone, Erker und zurückhaltende Dekoration geprägt ist. Gleichwohl ist das Bauvolumen kompakt aufgefasst und eine Tendenz zur sachlicheren Durchbildung spürbar, bei der zunehmend die Wandfläche eine Rolle spielt. In Einzelformen sind Anklänge an den späten Jugendstil ablesbar.

Links oben:
Abb. 5
Lockwitztalstraße 2/4/6

Links unten:
Abb. 6
Robert-Koch-Straße 9

Rechts:
Abb. 7
Rosenweg 23/24

Mary-Krebs-Straße 2/4, Strehlen
Mietshaus, um 1910

Das Doppelhaus ist Zeugnis einer nicht vollendeten großstädtischen halboffenen Bebauung an der Mary-Krebs-Straße. Zahlreiche Elemente – besonders zu nennen die Verschränkung von Fassaden- und Dachbereich, die Tendenz zum Kubischen, die einzelne Elemente wie Erker stark in das Hauptvolumen einbindet, schließlich auch das leicht barockisierende bis klassizierende Formvokabular – rücken es in die Nähe zu neuen Formbestrebungen.

Robert-Koch-Straße 9, Strehlen (Abb. 6)
Mietshaus, um 1912

Das große Eckgebäude, das Teil einer geschlossenen, aber recht heterogenen Quartiersüberbauung ist, zeigt sich zurückhaltend in der Gestaltung der Putzfassade. Regelmäßige Fenstergliederungen sowie eine geschickte Baukörperstaffelung und -gliederung, bei der springende Trauflinien, Giebel, Balkone und insgesamt eine sehr kubische Baukörperauffassung eine Rolle spielen, zeigen deutlich die Veränderungen gegenüber dem Historismus und dem Jugendstil. Besonders hervorzuheben ist die Akzentuierung des Eckbereiches durch einen von umlaufenden Balkonen gefassten Runderker – ein architektonisches Motiv, das deutlich in die 20er Jahre verweist.

Rosenweg 23/24, Niedersedlitz (Abb. 7)
Torhaus mit Reihenhäusern, 1913

Die durch die Baugenossenschaft Dresden-Land e.G.m.b.H. errichtete sog. Blumensiedlung besteht aus zahlreichen Reihen- und Doppelhäusern, die mittlerweile ihre ursprüngliche gestalterische Kohärenz weitgehend eingebüßt haben. Der städtebauliche Duktus ist gleichwohl noch vorhanden. Hier bildet das Torhaus den Durchgang zum zentralen Hermann-Schmitt-Platz und ist zugleich die markanteste Dominante des Siedlungskontextes. Mit seiner geschwungenen Dachhaube und einer ausgewogenen, schlicht gehaltenen Gestaltung repräsentiert es den am reformerischen Geist angelehnten Siedlungsgedanken, der hier, wie die Reihenhäuser, aber auch die Straßenquerschnitte zeigen, im Vergleich zu Hellerau oder Briesnitz, allerdings im Maßstab verkleinert erscheint.

Ortsamt Plauen

Am Eiswurmlager 1, Coschütz
Ehem. Kontorhaus der Felsenkeller-Brauerei, 1915

In der Kombination von Schmuckformen – geschwungener Giebel, Eingangsportal, Voluten u. a. – mit eher der Sachlichkeit verpflichteten Fensterfronten klingen sowohl der Jugendstil als auch funktionalistische Tendenzen des ersten Jahrzehnt des 20. Jahrhunderts an.

Bergstraße 56, Altstadt II
Postamt, um 1910

Der repräsentative Zweckbau mit Einfriedung zeigt eine noble, symmetrisch gegliederte neoklassizistische Fassade mit sparsam verwendeten Schmuckdetails und Sprossenfenstern.

Bergstraße 60, Altstadt II

Siehe Fritz-Förster-Platz 2, S. 86

Bergstraße 68–76 / Zeunerstraße 70–78, 80–86 / Weißbachstraße 2–6, 1–7, Räcknitz (Abb. 9)

Die zwischen 1905 (Bergstraße) und 1913 (Weißbachstraße 2–6) in halboffener Bauweise als „Professorenhäuser" errichteten Reihenwohnhäuser zeigen durch jeweils individuelle Gestaltungen und die Verwendung von Erkern, unterschiedlichen Fensterformen oder Dachaufbauten eine malerische Gesamtwirkung. Jugendstilanklänge der früheren Gebäude weichen klassizierenden Gliederungen bei den späteren Bauten. Bautypologisch ist ein englischer Einfluss offensichtlich. Die Architekten – August Hugo Grothe, Ernst Kühn u. a. – hinterließen mit der Bebauung der Bettina-/Angelikastraße in Dresden-Neustadt eine ganz ähnliche Anlage.

Bernhardstraße 62, Plauen (Abb. 1)
Villa, um 1905

Der für die Zeit zurückhaltend gestaltete, mehrfach geschichtete Baukörper ist lediglich durch wenige Akzente wie Fensterläden, Bauplastik oder Fenstergliederungen akzentuiert. In einzelnen Formen, etwa den Konsolen des Eingangsvordaches, klingen monumentalisierende Tendenzen an.

Bernhardstraße 66, Plauen
Wohngebäude, um 1910

Das als Doppelvilla konzipierte Gebäude zeigt über dem Erdgeschoss ein hohes Mansardwalmdach. In seinem bodenständig-heiteren Habitus und vielen Details ist es deutlich der in Dresden durch Riemerschmid oder Erlwein vermittelten und modern uminterpretierten süddeutschen Bautradition verpflichtet.

Bernhardstraße 67, Plauen (Abb. 2)
Villa, um 1905

Traditionelle Elemente wie Erker, eingestellte Säulen oder die Portalbekrönung sind individuell uminterpretiert und dem mächtigen Gesamtbaukörper malerisch eingebunden. Dabei kontrastieren plastische

Abb. 1
Bernhardstraße 62

Abb. 2
Bernhardstraße 67

Abb. 3
Bernhardstraße 71

Abb. 4
Leubnitzer
Straße 30

Abb. 5
Liebigstraße 30

Einzelformen wie Fenstereinfassungen oder -reihungen mit den ansonsten ungegliederten Putzflächen.

Bernhardstraße 71, Plauen (Abb. 3)
Villa, um 1905

Das zweigeschossige und mit hohem Walmdach versehene Eckgebäude ist, wie insbesondere durch die haubenbekrönten Runderker und die Ovalfenster vermittelt, einer barockisierenden Grundhaltung verpflichtet. Der vielfältige und flächig aufgebrachte Putzdekor mit Rauten-, Frucht- oder Wellenmotiven stellt eine recht individuelle Schöpfung dar.

Bernhardstraße 98, Plauen
„Villa Grübler", 1903,
Architekt Fritz Schuhmacher

Die vom bekannten Architekten Fritz Schumacher errichtete Villa fand bereits 1905 in Hermann Muthesius' "Das moderne Landhaus und seine innere Ausstattung" Erwähnung: Der giebelständige Bau verarbeitet Elemente der Landhausarchitektur wie Sichtfachwerk, malerische Komposition, unterschiedliche Fenster- und Dachformen auf sehr individuelle und vom „Schweizerhaus-Stil" des ausgehenden 19. Jahrhunderts deutlich unterschiedene Art. Das Anliegen besteht nicht in der Reproduktion und Kombination von Stilvorgaben, sondern in der Synthese stilistischer, typologischer und funktioneller Merkmale zu einem zeitgemäßen Ausdruck.
Siehe auch S. 23

Fritz-Förster-Platz 2/ Bergstraße 60
Ehem. Amtsgebäude, um 1910

Der markant in Platzlage stehende Bau zeigt neben späten Jugendstildetails eine neoklassizistische Fassadengliederung und Innenausstattung und repräsentiert damit die aus dem Jugendstil kommende Variante der neuen Bauauffassungen.

George-Bähr-Straße 1, Altstadt II
Beyer-Bau, 1910–13,
Architekt Martin Dülfer

Eine der Inkunabeln der Dresdner Architektur vor dem Ersten Weltkrieg stellt der durch den Münchner Architekten und Dresdner Hochschullehrer Martin Dülfer entworfene Gebäudekomplex des Beyer-Baus dar. Die großformatige, malerische Anlage, die zugleich durch einen Observatoriumsturm stadtbildprägend ist, wird charakterisiert durch die Verwendung roten Klinkers, der in dekorativer Weise vermauert und mit Schmuckelementen aus Beton und Metall kombiniert wurde. Die architektonischen Gliederungen erfolgen durch Lisenen, Simse und großzügige Durchfensterungen, wobei das Prinzip der Materialsichtigkeit ein besonderes Anliegen des Architekten war. Obwohl traditionelle Elemente des Gebäudeaufbaus dekorativ verwendend, hat er diese doch einer Ablesbarkeit der Konstruktion nach außen hin gestalterisch verbunden.
Siehe auch S. 20

Hohe Straße 24, Altstadt II
Ruine der Zionskirche, 1908–12,
Architekten Schilling & Gräbner

Siehe S. 14

Hübnerstraße 11, Altstadt II
Villa in Ecklage, um 1910

Eine klassizierende, symmetrische Fassadengliederung sowie zurückhaltende Ornamentik bestimmen das Gebäudeäußere.

Kaitzer Straße 151, Plauen
Mietshaus in Ecklage, um 1910

Das Gebäude stellt sich dar als eine Durchdringung von mansarddachbekröntem Hauptbaukörper und giebelständigen Querhäusern, die jeweils mittig die Fassaden bestimmen und sich durch Lisenengliederungen und regelmäßig eingesetzten Putzdekor auszeichnen.

Kaitzer Weinberg 12, Kaitz
Wohnhaus mit Café, um 1912

Das Gebäude weist mit seinem stattlichen Giebel gen Kaitzbachtal, seine Umrisslinie ist durch das markante Mansardgiebeldach geprägt; weitere Elemente wie Runderker oder in die Front umknickendes Traufgesims summieren sich zu einem bodenständigen, süddeutsch inspirierten Gesamterscheinungsbild.

Leubnitzer Straße 23, Altstadt II
Villa mit Anbau, um 1910

Die durch eine malerische Dachlandschaft mit tiefgezogenem Mansardwalmdach ausgezeichnete Villa zeigt nur zurückhaltende Fassadengliederungen ohne Ornamentik. Bestimmend ist die Wirkung des Baukörpers selbst. Ähnlich wie bei der Doppelvilla Bernhardstr. 66 ergibt sich ein von süddeutscher Tradition inspiriertes Erscheinungsbild.

Leubnitzer Straße 30, Altstadt II (Abb. 4)
Villa mit Anbau, 1880 bzw. 1901
Anbau, Architekt Wilhelm Kreis

Die von Karl August Lingner erworbene Neorenaissance-Villa im Schweizer Viertel wurde Anfang des 20. Jhs. durch einen Saalanbau von Wilhelm Kreis erweitert, dessen äußere architektonische Gestalt sich deutlich monumentalisiert darstellt und den Sprung in der architektonischen Auffassung besonders dokumentiert. Das monumentalisierende Moment, das auch in der leider verlorenen Innenausstattung anklang, wurde hier jedoch durch eine Kombination vielfältiger und individuell entworfener Schmuckformen kleinteilig begleitet.

Liebigstraße 30, Altstadt II (Abb. 5)
Villa mit Einfriedung

Das repräsentative Gebäude ist äußerlich durch stark profilierte Architekturelemente – Fenstergewände, Traufausbildung mit Gebälkmotiv – gekennzeichnet, die gemeinsam mit der klassizierenden Grundhaltung und im Kontrast mit den Fassadenflächen leicht monumentalisierend wirken.

Mommsenstraße 1, Räcknitz (Abb. 6)
„Villa Viehweger", 1904,
Architekt Hans Viehweger

Die Villa, die der Dresdner Architekt Hans Viehweger für sich selbst entwarf, repräsentiert die Abkehr von Historismus und Jugendstil auf deutliche Weise: Reduzierung des Dekors, Verwendung und eigenständige Verarbeitung von Elementen der Landhausarchitektur, funktionelles Erscheinungsbild. Die Rolle der Grundrissentwicklung und das Harmonieren von Innen und Außen wird hier als Anliegen erkennbar – ebenfalls ein Gedanke, der die Moderne wesentlich mit bestimmen wird.

Münchner Platz 1–3, Altstadt II
Georg-Schumann-Bau der Technischen Universität,
Architekt Oskar Kramer

Siehe S. 15

Paradiesstraße 10, Zschertnitz (Abb. 7)
Villa, um 1910

Das Erdgeschoss des traufständigen Gebäudes ist überragt durch ein hohes Mansardgiebeldach, ein typisches Element süddeutscher Architektur; in Verbindung mit dem leicht klassizierenden Einschlag ergibt sich ein durchaus repräsentativer Habitus.

Abb. 6
Mommsenstraße 1

Abb. 7
Paradiesstraße 10

Abb. 8
Reckestraße 6

Abb. 9
Weißbach-straße 1ff.

Abb.10
Würzburger Straße 58

Abb.11
Würzburger Straße 69

Räcknitzhöhe, Räcknitz
Bismarckturm, 1906,
Architekt Wilhelm Kreis

Siehe S. 11

Reckestrasse 6, Plauen (Abb. 8)
Gemeindehaus der Auferstehungskirche, 1911–12

Das nach Entwurf des Architekten Max Wrba errichtete repräsentative Gebäude ist gleichermaßen geprägt durch ein mächtiges Mansarddach mit Halbwalm, Rundbogenfenster, eine zurückhaltende Fassadengliederung, wie durch Kompaktheit der Gesamtform und Klarheit der Umrisslinie. Mit diesen Merkmalen und seinem bodenständigen Charakter ist es in der Nähe der Erlweinbauten anzusiedeln.

Weißbachstraße 2–6, 1–7, Räcknitz (Abb. 9)

Siehe Bergstraße 68–76, S. 85

Würzburger Straße 58, Plauen (Abb. 10)
Villa, 1908,
Architekt Otto Heinrich Riemerschmid

Das von dem Münchner Architekten Otto Heinrich Riemerschmid für den TH-Professor Richard Mollier errichtete Gebäude steht der süddeutschen Architekturschule nahe, die bei Berücksichtigung lokaler oder regionaler Traditionen individuelle und von Stildogmen freie neuzeitliche Lösungen hervorbrachte. Der markante Bau mit seinem mittigen, polygonalen Altan weist eine wohlproportionierte und auspondierte symmetrische Hauptfront sowie zurückhaltend eingesetzte Gliederungselemente auf.

Würzburger Straße 69, Plauen (Abb. 11)
Villa, 1906

Die malerische Komposition des durch Risalit, Säulenloggia, Mansarddach sowie architekturgebundenen Dekor bestimmten stattlichen Baus rückt es in die Nähe der Villa Bernhardstraße 98 von Fritz Schumacher.

Zeunerstraße 70–78, 80–86, Räcknitz

Siehe Bergstraße 68–76, S. 85

Ortsamt Cotta

Am Urnenfeld 15, Stetzsch
Villa, um 1910

Das über L-förmigem Grundriss errichtete repräsentative Gebäude zeigt bei schlichter und die Gebäudekubik hervorhebender Haltung zurückhaltende dekorative Gestaltungen in den Fensterbereichen. In dem hohen Erdgeschoss – akzentuiert durch einen durchlaufenden abgewalmten Sims – ist die repräsentative Funktion der Villa deutlich markiert.

An der Heilandskirche 1 / 2 / 3, Cotta
Heilandskirche mit Gemeindehaus, Pfarrhaus und Platzanlage, 1914/1927,
Architekt Rudolf Kolbe

Trotz der deutlichen Bezüge zur Strehlener Christuskirche, die insbesondere in der Gestalt des Kirchenschiffes mit seinen seitlichen chorartigen Auswölbungen deutlich werden, hat in dem aufgrund Kriegsgeschehens und späterer Geldknappheit erst 1927 fertig gestellten Sakralbau die ehemals monumentalisierende und von aufwendiger bauplastischer Durcharbeitung geprägte Auffassung nun eine deutliche Vereinfachung und Versachlichung erfahren. Wie besonders die Durchbildung des mächtigen Turmes mit seinen Glockengeschossen oder der Rhythmus zwischen Fläche und Öffnung, Groß- und Kleinformat zeigen, wurde durch diese Neuformulierung die Monumentalwirkung selbst nicht geschmälert.
Siehe auch S. 14

Bramschstraße 11 / Rudolf-Renner-Straße 27, Löbtau
Doppelmietshaus, um 1910

Trotz einer eher konventionellen und additiven Auffassung in der Baukörpergestaltung zeichnet sich das stattliche Gebäude durch diverse Details aus, die dem aus der Abkehr vom Historismus und seinen Ausprägungen hervorgegangenen Formenvokabular entlehnt sind – etwa der rustizierte Natursteinsockel mit monumental wirkender Ecküberhöhung –, hier aber als eher formalistische Adaption in Verbindung mit dem klassizierenden Nachklang des Jugendstils in Erscheinung treten.

Briesnitz, Eigenheimsiedlung
1912ff.
Architekten Ludloff & Stieger, Curt Herfurth u. a.

Die Gründung der „ Eigenheimsiedlung Briesnitz-Dresden eGmbH" erfolgte 1911. Geplant war ein Siedlungszusammenhang aus Einfamilienhäusern in offener bzw. aufgelockerter Bebauung. Bereits 1913 waren 119 Einfamilienhäuser mit Garten realisiert. Bis in die 30er Jahre folgten zahlreiche weitere Gebäude, teilweise als Mehrfamilienhäuser geplant. Das städtebauliche Prinzip besteht in einer Anpassung des Siedlungsgrundrisses und der Straßenverläufe an die Topographie; die teilweise platzartig geweiteten Straßenräume mit ihren Baumbeständen, die Ausweisung von Vorgarten- und Gartenflächen, schließlich die Typologisierung der Architektur sollten zu einem konsistenten Ganzen führen, das sowohl im Kleinen den Bewohnern Gemeinschaft, Naturverbundenheit und behagliches, gesundes Wohnen bieten und zugleich in den landschaftlichen Kontext sinnfällig eingebettet erscheinen sollte. In ihrer städtebaulichen Situierung, aber auch mit ihren Veranden, Loggien, den Dachgauben, Mansarddächern oder Fensterläden erinnern die Gebäude an das Vorbild Hellerau, dessen utopischer Ansatz hier durch einen gesunden und zukunftsfähigen Pragmatismus ersetzt erscheint.

Bünaustraße 4–8 b, Löbtau (Abb. 1)
Wohnanlage, 1911/12,
Architekt Hans Erlwein

Die für Beschäftigte der Dresdner Straßenbahn zwischen Bünaustraße und Neuem Annenfriedhof errichtete Anlage – hier befand sich im ausgehenden 19. Jahrhundert ein Straßenbahnhof – besteht aus mehreren symmetrisch angelegten Gebäuden und einer anschließenden Gartenanlage. Die für Erlwein typische bodenständige Architektur mit ihrer Maßstäblichkeit und den sorgfältig gestalteten Details zeigt zudem teilweise Balkone und steht hiermit (dies gilt insbesondere für den rückwärtigen Dreiflügel-Bau) den Krenkelhäusern in der Klingestraße nahe. Den Kleinwohnungen unterschiedlicher Größe sind

Abb. 1
Bünaustraße 4–8 b

Abb. 2 Cossebauder Straße 35 (Historische Aufnahme)

Abb. 3 Dölzschener Straße 17–21

Abb. 4 Dorotheenstraße 15

ebenfalls wie dort Gartenparzellen mit Pavillons zugeordnet. Ein zentraler Brunnen mit Bänken, Trocken- und Bleichplätze sowie Kinderspielplätze erfüllen weitere wichtige Gemeinschaftsbedürfnisse.

Cossebauder Straße 35, Cotta (Abb. 2)
35. Bezirksschule, sog. „Rübezahlschule", 1909–1911 (nach Teilzerstörung teilweise veränderter Wiederaufbau nach 1945),
Architekt Hans Erlwein

Ein Vergleich des Wiederaufbaus mit der ursprünglichen Anlage – zu ihrer Zeit die größte Schule Sachsens – zeigt deutlich den Unterschied in der Gesamtwirkung: in städtebaulicher Hinsicht ist durch den Verlust der straßenbegleitenden Mauern mit Torhäuschen die „Fassung" des Ensembles verschwunden, architektonisch ist durch die Nivellierung der Baukörper die ursprüngliche, auf den Hauptbau hin orientierte Staffelung verloren gegangen; Erlweins Anliegen bestand in der Schaffung einer modernen Lehranstalt, dies bedeutete neben der zeitgemäßen Infrastruktur der Gebäude auch ein architektonisch wie künstlerisch durchgestaltetes Ganzes. Gerade bei der sehr funktionalen Bauauffassung wirkt sich der Verlust vieler sparsam, aber bewusst eingesetzter Details – Dachgauben, Dachreiter, Schornsteine u. a. – besonders nachteilig aus.

Dölzschener Straße 10/12 / Frankenbergstraße 38–44 / Zauckeroder Straße 9/11, Löbtau
Wohnanlage, um 1914

Die von der Eisenbahner-Baugenossenschaft errichtete Anlage stellt ein besonders reich gestaltetes Exempel des Siedlungsbaus vor dem Ersten Weltkrieg dar. Neben der eher konventionellen Geschossgliederung und den teilweise barockisierenden bis klassizierenden Gestaltungselementen stehen teilweise freier gestaltete Einzelformen, Merkmale traditioneller Architektur (Fensterläden) und die Gesamtfigur der den Binnenhof mit Freiflächen einschließenden Gebäudesituierung. Insgesamt ergibt sich somit eine gelungene Synthese aus genossenschaftlichen Anliegen und gestalterischem Anspruch.

Dölzschener Straße 17–21, Löbtau (Abb. 3)
„Johann-Meyer-Häuser", 1911,
Architekt Hans Erlwein

Die aus zwei Wohnblöcken auf L-förmigem Grundriss bestehende Anlage beherbergt zahlreiche Wohnungen unterschiedlicher Größe, insbesondere für kinderreiche Familien. Sie bildet mit den „Krenkel-Häusern" in der Klingestraße 14–22 (siehe S. 92f.) eine ensembleartige Gruppierung mit gemeinsam gestalteter Binnenzone, die sich durch Spielflächen, Trockenplätze sowie die Parzellierung in Kleinstgrundstücke mit Gartenpavillons, jeweils den Wohnungen zugeordnet, auszeichnet. Trotz der hohen Wohndichte ist die Baumasse durch zwei Geschosse übergreifende Rundbogennischen, ausladendes Traufgesims, sowie Fensterläden oder Brüstungsspiegel geschickt gegliedert; bemerkenswert ist zudem die Durchgestaltung der hofseitigen Fassaden. Im Innern setzt sich der Anspruch an ansprechende und hygienische Wohnverhältnisse durch die Anlage großzügiger Treppenhäuser und eine für die Zeit moderne Ausstattung fort.

Dorotheenstraße 15, Oberwartha (Abb. 4)
Villa, ehem. Hygienisches Erholungsheim „Waldfrieden", 1908

Das im Zusammenhang mit der Erschließung Oberwarthas als Höhenluftkurort mit Villenkolonie errichtete Gebäude schließt mit seinem teilweise tiefgezogenen steilen Satteldach, den abwechslungsreichen Dachaufbauten und Fassadengliederungen sowie seinem nischenartigen Eingangsportikus an Motive der traditionellen Landhausarchitektur an, die nun jedoch von zurückhaltender Gestaltung sind.

Dorotheenstraße 17, Oberwartha
Wohnhaus, um 1908

Das unter der Bezeichnung „Haus Morgensonne" errichtete Gebäude zeigte ursprünglich in den Obergeschossen Sichtfachwerk, im Erdgeschoss Fensterläden. Auch heute noch ist der Landhauscharakter in den abwechslungsreich gestalteten und tiefgezogenen Krüppelwalmdächern sowie den Holzstützen in den Zugangsbereichen gut ablesbar. Die insgesamt schlichte und funktionale, aber bodenständige Architektur thematisiert Naturverbundenheit und weckt zugleich alpine Assoziationen.

Emil-Überall-Straße 43, Naußlitz (Abb. 7)

Siehe Kesselsdorfer Straße 82, S. 92

Frankenbergstraße 38–44, Löbtau

Siehe Dölzschener Straße 10/12, S. 90

Gröbelstraße 17, Löbtau
Ehem. Ausstellungsgebäude der „Dresdner Kunstwerkstätten Karl Max Seifert", 1906,
Architekt Wilhelm Kreis

Das auf trapezförmigem, schmalem Grundstück einer älteren Fabrikationsanlage vorgebaute Ausstellungsgebäude steht in mehrfacher Hinsicht mit dem kulturellen Umbruch der Zeit nach 1900 in Zusammenhang. Seiner wirtschaftsgeschichtlichen Bedeutung, die sich dem Engagement und der Aufgeschlossenheit eines umtriebigen Unternehmers gegenüber der neuen Zeit verdankt, steht mit Wilhelm Kreis die architekturgeschichtliche Dimension zur Seite: der Unternehmer beauftragte den Architekten mit der Errichtung eines Ausstellungsgebäudes für dessen Produkte nach Vorbild eines von Kreis für die VI. Deutsche Kunstausstellung entworfenen Innenraums. Dieser zeichnete sich durch eine durch Wandvorlagen rhythmisierte Disposition und eine durch weiß gehaltene Vertäfelungen und Deckenkassettierungen sowie blaue Wandbespannungen geprägte Gestaltung aus. Das eingeschossige Gebäude zeigt nach außen einen schlichten geschweiften Mittelgiebel.
Der Bau beherbergte 1906 die erste Ausstellung der avantgardistischen Künstlergruppe „Die Brücke", die Seifert über das Büro Kreis kennen gelernt hatte.
Siehe auch S. 16

Hohendölzschener Straße 7, Dölzschen
Villa, um 1910

Das Gebäude ist durch das steile Satteldach mit holzverkleidetem Giebel (dieser durch als „Widerkehr" gestalteten Sims ausgezeichnet) und das seitliche abgewalmte Dachhaus als Landhaus charakterisiert.

Hohendölzschener Straße 9, Dölzschen (Abb. 5)
Villa, um 1910

Im Vergleich etwa zu Nr. 7 zeigt sich in diesem Gebäude deutlich die Aufnahme schlichter und leicht klassizierender Gebäudetypologien der Zeit um 1800: Symmetrie, Palladio-Motiv sowie Zahnschnitt sind hierfür kennzeichnend. Ansonsten herrscht zurückhaltende Eleganz vor.

links:
Abb. 5
Hohendölzschener Straße 9

rechts:
Abb. 6
Holsteiner Straße 8

Abb. 7 Kesselsdorfer Straße 82/ Emil-Überall-Straße 43

Hohendölzschener Straße 16, Dölzschen
Villa, um 1910

Die komplexe Dachlandschaft mit ihren großen Flächen, ihren Durchdringungen und Traufsprüngen korrespondiert mit der malerischen Haltung in der Fassadengestaltung, die dem Gebäude, das Teil eines auf der Höhe gelegenen Villenviertels ist, den Habitus eines modern interpretierten Landhauses verleihen.

Holsteiner Straße 8, Kemnitz (Abb. 6)
Villa mit Gartenpavillon, um 1912, ehem. Wohnhaus des Zimmerermeisters Ernst Noack

Das Hauptgebäude ist mit seinem die Geschosse übergreifenden bay-window, den dunklen Holzelementen und -verschalungen, schließlich auch mit der eigenwilligen Dachform ein Beispiel für Reformarchitektur, das an moderne angelsächsische Vorbilder erinnert.
Es stellt mit den erwähnten Elementen zugleich die Zimmermannskunst des Erbauers als integrales Element der Architektur eindrucksvoll vor. Die Einheit von (Kunst-) Handwerk und Architektur ist hier auf sehr individuelle und zugleich funktional nachvollziehbare Weise verwirklicht.

Kesselsdorfer Straße 82 / Emil-Überall-Straße 43, Naußlitz (Abb. 7)
Mietshaus, um 1910

Das voluminöse Mehrfamilienhaus weicht vom Typus des spätgründerzeitlichen Mietshauses nicht nur durch seine stilistische Adaption der zeitgenössischen, mit klassizierenden oder regionalistischen Merkmalen arbeitenden Architektur ab, die als formalistische Attitüde identifizierbar wäre. Vielmehr zeigt insbesondere der Einsatz von Loggien und Balkonen unterschiedlichen Typs auch bei den Hauptfassaden das Anliegen, dem Wohnraum zusätzliche Qualitäten zu verleihen, die den zeitgenössischen wachsenden Ansprüchen an das Wohnen entgegenkamen. Durch geschickte Gliederungen wird das Gebäudevolumen deutlich in seiner Wirkung reduziert.

Kesselsdorfer Straße 116, Wölfnitz
Fabrikantenvilla, 1912

Obwohl das Gebäude in der Verwendung von Einzelformen wie Eckturm oder Giebel durchaus noch einen Bezug zu typologischen Vorbildern des 19. Jahrhunderts aufweist, sind die mangels tektonisch-gliedernder Details stärker hervorgehobene Kubik des Gesamtbaus sowie die nur durch einzelne gestalterische Elemente wie Giebelschmuck oder Fensterläden hervorgehobenen Fassadenflächen nun Ausdruck einer sachlicheren Haltung, die der repräsentativen Wirkung des Gebäudes jedoch keinen Abbruch tut.

Klingestraße 14–22, Löbtau (Abb. 8)
„Krenkel-Häuser", 1911, Architekt Hans Erlwein

Das öffentliche Anliegen, dringend erforderlichen Wohnraum insbesondere für sozial Schwache zu schaffen, traf sich mit dem Engagement von Stiftern, die für diese Zwecke finanzielle Mittel bereitstellten. Hans Erlwein schuf mit den „Krenkel-Häusern", die mit den „Johann-Meyer-Häusern" an der Dölzschener Straße (siehe S. 90) einen gemeinsamen Binnenbereich bilden, eine den Bedürfnissen der Betroffenen und den modernen Standards nach hygienischem Wohnen, nach Luft und Erholung entsprechende Wohnanlage, die durch ihre äußere wie innere Gestaltung bei aller Bescheidenheit den Menschen eine heimatliche und behagliche Umgebung bieten sollte. Die Abkehr vom in Löbtau gängigen würfelförmigen Wohnhaustyp zugunsten einer niedrigeren, geschickt gegliederten und heiter durch Dach- und Gauben-

Abb. 8 Klingestraße 14–22, Hauseingang zu Nr. 18

form sowie dekorativen Schmuck (Sgrafittos von Paul Rößler) gestalteten halboffenen Bebauung mit mehreren Eingängen, mit Balkonen, Bädern/Waschküchen sowie Gartenpavillons für alle Wohneinheiten zeigt den ganzheitlichen Ansatz Erlweins in besonders beeindruckender Weise. Bereits 1912 boten die beiden Wohnanlagen mit ihren Klein- und Kleinstwohnungen für Witwen bis zu Kinderreichen allein über 400 Kindern ein Zuhause.

Oberwarthaer Straße 4, Niederwartha (Abb. 9)
„Russisches Landhaus", um 1910

Möglicherweise als sommerliches Refugium eines in Cossebaude (Dresdner Straße 11) wohnenden Arztes errichtet, repräsentiert das Gebäude den Rückgriff auf Traditionen der Volksbaukunst auf individuelle Weise.

Rudolf-Renner-Straße 27, Löbtau

Siehe Bramschstraße 11, S. 89

Stollestraße 64, Naußlitz
Mietshaus, um 1910

Eine kompakte Baukörperauffassung zeigt bei ausgewogener Gliederung und durchaus modernen Elementen wie den eingezogenen Loggien und der Betonung des obersten Vollgeschosses eine Formensprache mit an Barockes angelehnten Elementen (Symmetrie, konvexer Mittelrisalit mit turmartigem Aufsatz, Fensterverdachungen).

Weidentalstraße 60/62, Cotta (Abb. 10)
Doppelmietshaus, um 1910

Der in Deutschland noch junge Typus des Doppelhauses ist hier in einer außergewöhnlichen, Elemente einer Landhausarchitektur – großer Traufüberstand oder vorgeblendetes Balkenwerk im ersten Obergeschoss – modern verarbeitenden Weise realisiert worden. Neben sparsam eingesetzten, teilweise funktionalen Akzenten ist auch die Staffelung des Baukörpers in die Tiefe erwähnenswert.

Abb. 9 Oberwarthaer Straße 4

Abb. 10 Weidentalstraße 60/62

Weinbergstraße 20, Cossebaude
Villa, um 1910

Das Gebäude ist schlicht als Putzbau gestaltet; einzelne markante funktionelle und gestalterische Elemente fallen dadurch prononcierter ins Auge, so die Fensterläden oder der Giebelstand mit Halbwalm und steilem Mansardbereich; sehr schön der Zusammenklang mit der straßenseitigen Einfriedung.

Weinbergstraße 22, Cossebaude
Villa, um 1910

Markante Dachgestaltung mit Mansardgiebel und Gauben, sowie regelmäßige Fassadengliederung bei insgesamt schlichter Erscheinung prägen dieses Gebäude.

Zauckeroder Straße 9/11, Löbtau

Siehe Dölzschener Straße 10/12, S.. 90

Literatur

Architekten Lossow & Kühne Dresden. Mit einer Einleitung von Werner Hegemann und einem Nachwort zur Neuausgabe von Angela Hartmann. Berlin, 1998. (Originalausgabe 1930).

Klaus-Peter Arnold: *Vom Sofakissen zum Städtebau.* Dresden, 1993.

Bauordnung für die Stadt Dresden vom 22. Dezember 1905, nebst den Ortsgesetzen über das Oblastenbuch, über die Anlage und Benutzung von Wasserklosetts, und über die Entwässerung der Grundstücke. Herausgegeben von Dr. jur. Hermann Kretzschmar. Dresden, 1906.

Karl Bellmann, Oskar Edel: *Die Gartenstadtgesellschaft Hellerau.* Dresden, 1958.

Joan Campbell: *Der Deutsche Werkbund 1907–1934.* Stuttgart, 1981.

Peter Davey: *Arts-and-Crafts-Architektur.* (Übersetzung aus dem Englischen: Antje Pehnt). Stuttgart, 1996.

Deutsche Gartenstadt Gesellschaft (Hg.), *Mitteilungen,* 1911.

Deutsche Gartenstadt Gesellschaft (Hg.), *Mitteilungen,* 1913.

Hans Erlwein: *Neue Bauwerke der Stadt Dresden. Ausgestellt in der Galerie Ernst Arnold.* Dresden, 1913.

Michael Fasshauer: *Das Phänomen Hellerau. Die Geschichte der Gartenstadt.* Dresden, 1997.

Hartmut Frank (Hg.): *Fritz Schumacher. Reformkultur und Moderne.* Stuttgart, 1994.

Günter Göbel: *Der Dresdner Stadtbaurat Hans Erlwein.* Dresden, 1996.

Erich Haenel: Dresdner Architektur im Jahre 1904. In: Karl Koetschau (Hg.): *Dresdner Jahrbuch 1905,* S. 167.

Erich Haenel, Heinrich Tscharmann: *Das Einzelwohnhaus der Neuzeit.* 2 Bände. Leipzig, 1907, 1910.

Erich Haenel, Heinrich Tscharmann: *Das Kleinwohnhaus der Neuzeit.* Leipzig, 1913.

Erich Haenel, Heinrich Tscharmann: *Das Mietswohnhaus der Neuzeit.* Leipzig, 1913.

Erich Haenel: Die Gartenstadt Hellerau. In: *Dekorative Kunst* 15, Bd. 26, 1912, S. 345–368.

Wolfgang Hänsch: Das Dresdner Schauspielhaus. Zur Baugeschichte des Theaters an der Ostra-Allee. In: Uta Dittmann (Hg.): *Sein oder Nichtsein? Theatergeschichten – Staatsschauspielhaus Dresden 1913 bis heute.* Dresden, 1995.

Richard Hamann, Jost Hermand: *Stilkunst um 1900.* (= Deutsche Kunst und Kultur von der Gründerzeit bis zum Expressionismus, Band IV). Berlin, 1967.

Kristiana Hartmann: *Die deutsche Gartenstadtbewegung. Kulturpolitik und Gesellschaftsreform.* München, 1976.

Volker Helas: *Architektur in Dresden 1800–1900.* 3. Auflage, Dresden 1991.

Volker Helas, Thomas Will: *Hans Erlwein. Stadtbaurat in Dresden 1905–1914.* Ausstellungskatalog der Landeshauptstadt Dresden. Dresden, 1997.

Volker Helas, Martin Claßen (Fotos): *Villenarchitektur in Dresden.* Köln, 1999.

Volker Helas, Gudrun Peltz (Fotos): *Jugendstilarchitektur in Dresden.* Dresden, 1999.

Henrik Karge: Die Vielfalt des Neubeginns – Dresdener Architektur um 1900. In: Staatliche Kunstsammlungen Dresden (Hg.): *Jugendstil in Dresden. Aufbruch in die Moderne.* (Ausstellungskatalog). Dresden, 1999.

Dieter Klein: *Martin Dülfer. Wegbereiter der deutschen Jugendstilarchitektur.* (= Arbeitsheft 8 des Bayrischen Landesamts für Denkmalpflege). 2. erweiterte Auflage, München, 1993.

Paul Klopfer: *Die Gestaltung des Wohnhauses.* Stuttgart, 1912.

Günter Kloss: *Hans Erlwein (1872–1914). Stadtbaurat in Bamberg und Dresden.* Petersberg, 2002.

Ricarda Kube: *Schilling und Graebner (1889–1917). Das Werk einer Architektenfirma.* Diss. Dresden, 1989.

Vittorio Magnago Lampugnani, Romana Schneider (Hgg.): *Moderne Architektur in Deutschland 1900 bis 1950. Reform und Tradition.* (Ausstellungskatalog). Stuttgart, 1992.

Heidrun Laudel, Ronald Franke (Hgg.): *Bauen in Dresden im 19. und 20. Jahrhundert.* Dresden, 1991.

Heidrun Laudel: Dresdner Architektur vor dem Ersten Weltkrieg unter dem Vorzeichen der Reformbewegung. In: *Dresdner Hefte,* 11. Jg., Heft 36 (4/1993), S. 41–52.

Fritz Löffler: *Das alte Dresden. Geschichte seiner Bauten.* 11. Auflage, Leipzig, 1992.

W. Lossow, Max Hans Kühne: Arbeiten aus den Jahren 1906–1913. o. J. (um 1913).

Gilbert Lupfer, Bernhard Sterra, Martin Wörner (Hgg.): *Architekturführer Dresden.* Berlin, 1997.

Gilbert Lupfer: Skizze einer Geschichte der modernen Architektur in Dresden von der Jahrhundertwende bis in die dreißiger Jahre. In: Gilbert Lupfer, Konstanze Rudert, Paul Sigel (Hgg.): *BAU+KUNST. Festschrift zum 65. Geburtstag von Professor Jürgen Paul.* Dresden, 2000, S. 170–179.

Hartmut Mai, Heinrich Magirius: *Die Christuskirche in Dresden-Strehlen.* (= Schnell Kunstführer 2232). Regensburg, 1995.

Erika Mateev: *Dokumentation Dresdner Architekten.* (Typoskript im Denkmalschutzamt Dresden, 1999).

Paul Mebes: *Um 1800. Architektur und Handwerk im letzten Jahrhundert ihrer traditionellen Entwicklung.* 2. Auflage bearbeitet von Walter Curt Behrendt. München, 1918. (Erstausgabe 1908).

Antje Meichsner: *Wohnhausbau Helleraus. Reformarchitektur in einer Gartenstadt.* Magisterarbeit. TU Dresden, 1999.

Marco de Michelis: *Heinrich Tessenow 1876–1950. Das Gesamtwerk.* Stuttgart, 1991.

Hermann Muthesius: *Das Englische Haus.* 3 Bände. Berlin, 1904–05.

Hermann Muthesius: *Das moderne Landhaus und seine Ausstattung.* München, 1905.

Hermann Muthesius: *Landhäuser von Hermann Muthesius.* München, 1912.

Winfried Nerdinger: *Richard Riemerschmid. Vom Jugendstil zum Werkbund. Werke und Dokumente.* München, 1982.

Winfried Nerdinger: *Theodor Fischer. Architekt und Städtebauer.* Berlin, 1988.

Winfried Nerdinger, Ekkehard Mai (Hg.): *Wilhelm Kreis. Architekt zwischen Kaiserreich und Demokratie 1873–1955.* München, Berlin, 1994.

Jürgen Paul: Der „Rembrandtdeutsche" in Dresden. In: *Dresdner Hefte,* 17. Jg., Heft 57 (1/1999), S. 4–3.

Jürgen Paul: *Cornelius Gurlitt. Ein Leben für Architektur, Kunstgeschichte, Denkmalpflege und Städtebau.* Dresden, 2003.

Wolfgang Pehnt: *Die Architektur des Expressionismus.* 3. Auflage, Ostfildern, 1998.

Jutta Petzold-Herrmann: Die 3. Deutsche Kunstgewerbeausstellung Dresden 1906 – ein herausragendes Ereignis. In: *Dresdner Hefte,* 11. Jg., Heft 36 (4/1993), S. 25–40.

Nikolaus Pevsner: *Wegbereiter moderner Formgebung. Von Morris bis Gropius.* Mit einem Nachwort von Wolfgang Pehnt. (Übersetzung von Elisabeth Knauth und Antje Pehnt). Köln, 1983.
Heinz Quinger: Jugendstil und Neubarock in der Dresdner Architektur um 1900. In: *BAU+KUNST. Festschrift zum 65. Geburtstag von Professor Jürgen Paul.* Dresden, 2000, S. 225–234.
Otto Richter: *Geschichte der Stadt Dresden in den Jahren 1871 bis 1902. Werden und Wachsen einer deutschen Großstadt.* Dresden, 1903.
Tilo Richter, Hans-Christian Schink (Fotos): *Industriearchitektur in Dresden.* (Hg.: Deutscher Werkbund Sachsen e.V., Vorwort von Jürgen Paul). Leipzig, 1997.
Wolfgang Rother: *Die Kunstgewerbeschule und das Kunstgewerbemuseum in Dresden. Ein Bauwerk zwischen Späthistorismus und Moderne.* Dresden, 1999.
Michael Schmidt: *Die städtebauliche Entwicklung von Dresden 1871–1918.* Dresden, 2003.
Paul Schultze-Naumburg: *Die Kulturarbeiten.* 9 Bände. München, 1901–17.
Fritz Schumacher: *Stufen des Lebens.* 2. Auflage, Stuttgart, 1949. (Erstausgabe 1935).
Fritz Schumacher: *Streifzüge eines Architekten.* Jena, 1907.
Paul Schumann: *Dresden.* 2. Auflage, Leipzig, 1922.
Camillo Sitte: *Der Städtebau nach seinen künstlerischen Grundsätzen.* 5. Auflage, Wien 1922.
Jörg Stabenow: Staumauer und Monument. Die Talsperre Klingenberg, ein Werk des Architekten Hans Poelzig. In: *architectura. Zeitschrift für Geschichte der Baukunst.* Jg. 1997, Sonderdruck.
Wolfram Steude: Der Erbauer des Künstlerhauses. Martin Pietzsch als Mensch und Künstler. In: Stadtmuseum Dresden (Hg.): *100 Jahre Künstlerhaus Dresden-Loschwitz 1898–1998.* Dresden, 1998, S. 7–24.
Rainer Stommer, Dieter Mayer-Gürr: *Hochhaus. Der Beginn in Deutschland.* Marburg, 1990.
Heinrich Tessenow: *Hausbau und dergleichen.* Baden-Baden, 1953. (Erstauflage Wien, 1916).
Technische Universität Dresden (Hg.): *Technische Universität Dresden – Gebäude und Namen.* 2. überarbeitete Auflage, Dresden, 1997.
Roland Unger: Dresden und die Kunsterziehungsbewegung zu Beginn unseres Jahrhunderts. In: *Dresdner Hefte,* 17. Jg., Heft 57 (1/1999), S.14–21.
Kurt Wilde: Die erste Deutsche Städte-Ausstellung 1903. Zeitpunkt und geschichtlicher Hintergrund. In: *Dresdner Hefte,* 18. Jg., Heft 63 (3/2000), S. 29–35.

Zeitschriften, Periodika

Architektur des XX. Jahrhunderts. 1900–1914.
Dekorative Kunst.
Deutsche Bauzeitung (DBZ). 1867 ff.
Dresdner Künstlerhefte (Sonderhefte der *Modernen Bauformen*). 1907 ff.
Dresdner Hefte. Beiträge zur Kulturgeschichte. 1983 ff.
Der Profanbau. 1904 ff.

Abbildungnachweis

Die Bildrechte wurden nach bestem Wissen recherchiert.
Wenn neben den Abbildungen keine Jahreszahlen vermerkt sind, handelt es sich um aktuelle Aufnahmen.

Amt für Kultur und Denkmalschutz der Landeshauptstadt Dresden, Aktenarchiv: S. 69, Abb. 7
Archiv Hübner, Dresden: S. 13, Abb. 2; S. 22, Abb. 5; S. 36 Abb. 3, 5; S. 37, Abb. 6; S. 38, Abb. 8
Archiv Prof. Steude, Dresden: S. 20, Abb. 17
Blätter für Architektur und Kunsthandwerk, Berlin: S. 21
Dekorative Kunst, 1912 (S. 107): S. 35, Abb. 2
Erich Haenel, Heinrich Tscharmann: Das Einzelwohnhaus der Neuzeit. Leipzig, 1907: S. 22, Abb. 3; S. 24, Abb. 10
Gartenstadt Gesellschaft Hellerau, 1911: S. 29; S. 33, Abb. 9; S. 60, Abb. 5
Grimmenstein, Bernadette: S. 30, Abb. 2
Hübner, Ulrich: S. 11, Abb. 6; S. 13, Abb. 1; S. 20, Abb. 16; S. 22, Abb. 2, 4; S. 23; S. 24, Abb. 9, 11, 12; S. 25; S. 26; S. 27, Abb. 20; S. 32, Abb. 8; S. 33, Abb. 10; S. 36, Abb. 4; S. 38, Abb. 9
Kirchgemeinde Dresden-Cotta: S. 14, Abb. 4
Klatte, Gernot: S. 10, Abb. 4; S. 38, Abb. 10; S. 27, Abb. 19, 21; S. 43, Abb.12
Stadtplanungsamt der Landeshauptstadt Dresden, Bildarchiv: Titelabbildungen; S. 9; S. 10, Abb. 2, 3; S. 11, Abb. 5; S. 14, Abb. 3; S. 15; S. 16, Abb. 8; S. 17; S. 18; S. 19; S. 21; S. 35, Abb. 1; S. 37, Abb. 7; S. 40; S. 41; S. 42; S. 43, Abb. 13; S. 44; S. 90, Abb. 2
Sterra, Bernhard: S. 16, Abb. 9; S. 30, Abb, 3, 4; S. 31; S. 32, Abb. 7; S. 34; S. 46; S. 47; S. 48; S. 49; S. 50; S. 52; S. 53; S. 54; S. 55; S. 56; S. 57; S. 58; S. 59; S. 60, Abb. 4; S. 61; S. 62; S. 63; S. 64; S. 65; S. 66; S. 67; S. 68; S. 69, Abb. 8; S. 70; S. 71; S. 72; S. 73; S. 74; S. 75; S. 76; S. 77; S. 78; S. 79; S. 80; S. 82; S. 83; S. 84; S. 85; S. 86; S. 87; S. 88; S. 89; S. 90, Abb. 3, 4; S. 91; S. 92; S. 93
W. Lossow, Max Hans Kühne: Arbeiten aus den Jahren 1906–1913: S. 18, Abb. 12

Inhaltsverzeichnis